中学校 "全教科・教科外で取り組む SDGs"

ESDの実践づくりの要点とアイディア

編著者
木村 裕

はじめに

　近年、「SDGs（持続可能な開発目標）」や「ESD（持続可能な開発のための教育）」という用語が、社会全体や学校教育の場に広がってきました。日常生活の中でも、SDGsに関わるテレビ番組や新聞記事、ポスターなどに触れる機会は多いことと思います。また、2017年・2018年告示の学習指導要領の前文で「持続可能な社会の創り手」を育成することの必要性が示されるなど、学校教育の場におけるESDの重要性もますます高まっています。

　こうした状況の中、様々な学校で、様々なかたちで、SDGsをふまえた実践やESDの実践が展開され、その知見が共有されてきました。一方で、執筆者たちは、「そもそも、ESDって何？」「取り組みたいけれど、何から始めればよいのだろう？」「何が実践上のポイントなの？」「これまでの取り組み方でよかったのだろうか？」などの疑問を持たれる方たちにも出会ってきました。

　本書は、こうした疑問に私たちなりに答えつつ、これまでの実践のふりかえりや明日からの実践の計画・実施・省察・改善に生かしていただけるようにと考えて作成しました。そして、学校の教職員や教育に関心を持つ大学生、様々なかたちで学校教育に関わっておられる方々を主たる対象として想定しつつ、より多くの方々にできるだけ気軽に手に取って読んでいただけるものにすることをめざしました。具体的には、第Ⅰ部で政策動向や実践上の留意点などを概説したうえで、第Ⅱ部において、具体的な実践の様子を「読み物」的にエピソードで示し、それに解説を加えるというかたちで構成しました。各エピソードは、執筆者の過去の実践をアレンジしたり他者の実践や研究蓄積などに学んだりしながら、「今後ぜひこうした実践を行ってみたい」「このような実践が広がるとよいな」と考えて創作したものとなっています。

　私たちは学校が、そこに関わるすべての人たちにとって、過去と現在をきちんと見つめながらもそれにとらわれすぎることなく、自他の将来や未来の社会のあり方に関する夢や希望を語れる場であるとともに、そうした夢や希望を実現するための確かな力量形成を保障する場であってほしいと考えています。そしてまた、学校ならびにそこで展開される教育活動には、大きな可能性があることを確信しています。本書が、私たちの考えを読者の皆様と共有する助けになるとともに、お互いの考えの深まりと、よりよい実践の実現や広がりにつながれば幸いです。

2022年12月

　　　　　　　　　　　　　　　　　　　　執筆者を代表して　　木村　裕

プロローグ

SDGsをふまえた学校教育への誘い

本章のねらい

　本書は、SDGsをふまえた学校教育をどのように展開することができるのか、また、そこでの要点をどのように考えればよいのかを読者の皆さんと共有し、よりよい実践のあり方を共に考えるためのきっかけを提供することをめざしたものである。ここでは、SDGsをふまえた学校教育を展開するとはどういうことなのか、学校教育にはどのような可能性があるのか、これまでの実践がどのように変わるのか、あるいは変わらないのかということを概説する。

SDGsをふまえた学校教育を展開するということ

　「下線部に自分の考えを書き込んで、以下の文章を完成させてください」という問いを投げかけられたら、あなたはどのような「答え」を書き込むだろうか。

学校教育の目的（あるいは、役割）とは、＿＿＿＿＿＿＿＿＿＿＿＿＿＿＿＿＿＿＿
＿＿＿＿＿＿＿＿＿＿＿＿＿＿＿＿＿＿＿＿＿＿＿＿＿（であるべき）だ。

なぜなら、＿＿＿＿＿＿＿＿＿＿＿＿＿＿＿＿＿＿＿＿＿＿＿＿＿＿＿＿＿＿＿
＿＿＿＿＿＿＿＿＿＿＿＿＿＿＿＿＿＿＿＿＿＿＿＿＿＿＿＿＿＿だから。

　もちろん、この問いに「正解」があるわけではない。個々人の知識や経験、置かれている状況、希望や期待などに応じて、多様な「答え」があり得るだろう。そうした多様性は、豊かな学校教育を創造するための源泉であり、また、生徒と教師をはじめ、学校教育に関わる人々によって創造されていくものでもあると考えられる。

　ただし、SDGsをふまえた学校教育を展開するということは、この問いに対する「答え」を考える際に、一定の方向性を求めることとなる。それは、自分自身だけではなく多様な他者も含めたあらゆる人々にとってのよりよい社会、持続可能な社会を実現するという前提に立ったうえで、学校において、そうした社会の具体的なあり方を構想し、その実現に向けて取り組むことのできる人間をどのように育成すればよいか、という方向性である（第1章も参照）。

　もちろん、「よりよい社会」「持続可能な社会」のあり方やその実現方法についても、「正解」が見つかっているわけではない。したがって、学校教育を通して身につけさせるべき力の内実や、必要となる教育課程や授業のあり方、教材の開発や活用の方向性などについても、「正解」があるわけではない。SDGsをふまえた学校教育のあり方を探り、充

実した実践を展開するためには、まず、こうした「正解」がない状況を前提としたうえで上述の問いに対する自分なりの「答え」を探り続けるとともに、他者との議論を通してよりよい「答え」を探り続けることが求められる。そしてさらに、そこに記した学校教育の目的（あるいは、役割）を達成するための取り組みを展開し続けることが必要となるのである。

02 学校教育の可能性と実践への第一歩

　こうした「正解」がない問いに対する「答え」を他者とともに探り続け、その実現に向けて取り組んでいくことの必要性を念頭に置くとき、学校教育には大きな可能性があることを指摘できる。なぜなら、学校教育では、持続可能な社会づくりやSDGsに対する学習者の興味関心の有無に関わらず、学習者がこうした話題に触れ、学ぶ機会を提供することができるとともに、確かな力量形成の実現に向けて、教師が長期的な見通しを持って学びを計画し、実践することができるためである。

　もちろん、学校教育が有するこうした可能性を最大限に生かすためには、学校教育に携わる者が、その可能性や実践における要点を理解することに努めるとともに、目の前の生徒や学校の実情などもふまえて、効果的な実践を展開していくことが重要となる。ただし、「SDGsって聞いたことはあるけれど、具体的にどのような実践をすればいいの？」「扱いやすい教科と、そうでない教科があるのでは？」などの疑問を持つ方もいらっしゃるだろう。また、「現状でもタイトな教育課程に、さらに新しいことを加えるのは難しい……」「生徒をフィールドワークに連れて行ったり、ゲストスピーカーに来ていただいたりする時間や費用がなくて……」などの懸念を持つ方もいらっしゃるかもしれない。

　そうしたときこそ、学校教育に関わる人たちがお互いの知恵やアイディアを持ち寄り、よりよい取り組みのあり方を、共に考えていきたい。「これ（くらい）なら、自分の授業

でも取り入れられそうだな」「このアイディアは、いろんな教科に生かせそうだな」「特別な時間や予算を使って、これまでとはまったく異なることを新たにしなければならない、というわけでもないんだな」「同僚の先生にも話してみようかな」などと考える方が少しでも増え、お互いのアイディアを交換しながら、実践を広げていくことをめざしたい。そうした第一歩を踏み出すことが、学校教育をより豊かなものにするとともに、学校教育を通して私たち一人ひとりの人生と社会を豊かなものにしていくための、重要な歩みにつながると考えるためである。本書が、こうした歩みを共に創りあげていくためのきっかけの一つになればと考えている。

03 これまでの実践はどのように変わるのか／変わらないのか

　後の章でも示すように、SDGsをふまえた実践を進めるということは、これまでに各学校で行われてきた実践を否定するものでもなければ、必ずしもこれまでの実践とはまったく異質なものを付け足すことを求めるものでもない。これまでの実践をそのまま継続すればよいという場合もあるであろうし、これまでとは少し実践の方法や強調点を変更するというかたちで展開することができる場合もあるだろう。一方で、これまでの取り組みでは充分に意識されていなかった要点を意識しながら、実践のあり方を再考し、やや大きな変更を加えるかたちで展開することの必要性を感じられる場合もあるかもしれない。

　各学校において、どのような実践を行いたいのか、行えるのか、実際に行うのか、ということについては、生徒の実態や教師の願い、学校の状況などを勘案して決めるべきものである。そうした検討や決定に際して、本書の内容を、これまでの取り組みを見直したり今後の取り組みのあり方を検討したりするための視点を提供するものとして活用いただければ幸いである。

04 本書の構成と使い方

本書は、大きく2部で構成される。

第Ⅰ部では、学校教育をめぐる近年の教育改革の動向とSDGsをふまえた教育との関連や、SDGsをふまえた授業づくりや教育課程編成を行う際の要点などについて概説している。なぜ、現在、学校教育の場においてSDGsをふまえた教育実践が求められているのか、どのような点に留意しながら実践を構想・展開すればよいのかといった点について確認していただきたい。

第Ⅱ部では、それぞれの章において、各教科・領域における実践事例を紹介している。各章では実践の具体的な様子をエピソード形式で紹介するとともに、その実践の特長や他の教科・領域でも活用可能なアイディアなどを解説している。各教科・領域でどのような実践を行いうるのか、また、どのようなことに留意しながら実践を構想・展開するとよさそうかといった点について確認していただきたい。なお、各章に示した実践事例と特に関連が深いSDGsのゴールを、**表序-1**に示した。

本書は、第Ⅰ部から読み進めるかたちでも、第Ⅱ部の興味を持たれた章から読み進めるかたちでも活用いただけるように作成した。また、上述のように第Ⅱ部の各章で示した実践事例では、できるだけ他の教科・領域でも活用可能なアイディアを示すことも心がけた。さらに、コラムを配置し、SDGsをふまえた教育実践を構想・展開するうえで考えてみていただきたいトピックについてのアイディアを示した。

ぜひ、様々な章で扱われている取り組みをどのようなかたちで自身の実践に生かすことができそうかを考えてみていただきたい。また、本書を「たたき台」「議論の素材」にしながら、今後の実践のあり方について他者と検討してみていただきたいと考えている。

（木村　裕）

表序-1　第Ⅱ部の各章で扱っているSDGsのゴール一覧

SDGsのゴール	3章 国語	4章 社会	5章 数学	6章 理科	7章 音楽	8章 美術	9章 保健体育	10章 技術・家庭	11章 外国語（英語）	12章 特別の教科 道徳	13章 総合的な学習の時間	14章 特別活動	15章 学校づくり
1　貧困をなくそう									○	○			
2　飢餓をゼロに								○	○				
3　すべての人に健康と福祉を							○						
4　質の高い教育をみんなに									○	○			
5　ジェンダー平等を実現しよう							○						
6　安全な水とトイレを世界中に										○			
7　エネルギーをみんなにそしてクリーンに				○									
8　働きがいも経済成長も	○										○		
9　産業と技術革新の基盤をつくろう	○							○					
10　人や国の不平等をなくそう	○									○			
11　住み続けられるまちづくりを	○								○		○	○	
12　つくる責任つかう責任	○								○	○			
13　気候変動に具体的な対策を	○		○	○									
14　海の豊かさを守ろう			○							○			
15　陸の豊かさも守ろう			○	○						○			
16　平和と公正をすべての人に					○						○		○
17　パートナーシップで目標を達成しよう	○			○	○	○			○		○	○	○

注：3章（国語）の列には「ESDに取り組むうえで不可欠の「ことば」の力を育むことをめざした実践事例」と縦書きで付記されている。また表の中央部には「SDGsそのものに対する理解を深めるかたちの実践事例」と縦書きで付記されている。

出所：筆者作成。

第Ⅰ部

理論編

第1章 今、すべての学校に「SDGs」「ESD」を

本章のねらい

　「誰一人取り残さない」ことを誓い、持続可能な社会の実現をめざして提起されたSDGsの達成は、世界中の国々や人々が協力して取り組むべきものとされている。そしてその実現に向けた取り組みにおいて、ESD（Education for Sustainable Development：持続可能な開発のための教育）を中心とした教育活動には大きな期待が寄せられている。本章では、SDGsやESDの概要を確認するとともに、2017年に告示された学習指導要領のキーワードである「主体的・対話的で深い学び」「カリキュラム・マネジメント」「社会に開かれた教育課程」「学習評価」とESDとの関係について概観する。

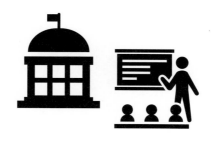

01　よりよい社会づくりにおける教育の役割

　地球上には、貧困や格差、環境破壊、紛争など、世界中の国々や人々が協力しなければ解決することが難しい多くの問題（「地球的諸問題（global issues）」と呼ばれる）が存在している。そして、今後の住みやすい地球社会を実現するためには、地球的諸問題の解決に向けた国々や人々の協力が不可欠であるという認識が広がり、様々な取り組みも進められてきた。

　こうした取り組みにおいて、教育活動は、重要な役割を果たすものとして注目されてきた。たとえばユネスコ（国際連合教育科学文化機関）は、1947年に「国際理解のための教育」を提唱して以来、継続的に、国際理解に関する教育活動を推進してきた。特に、2005年に始まった「国連持続可能な開発のための教育の10年（United Nations Decade of Education for Sustainable Development：以下、DESD）」が日本政府の提案により開始されたこともあって、日本でもESDに注目が集まり、多様な実践が重ねられてきた。DESDは2014年で終了したが、その後継プログラムとして「ESDに関するグローバル・アクション・プログラム（Global Action Programme：以下、GAP）」（2015～2019年）が、さらに、GAPの後継枠組みとして「持続可能な開発のための教育：SDGs実現に向けて（ESD for 2030）」（2020～2030年）が採択され、現在に至っている。

　教育活動が注目されてきた背景には、地球的諸問題を解決してよりよい社会づくりを実現するためには、地球的諸問題を自らの問題として受けとめ、その解決に向けて積極的に行動に参画することのできる「地球市民（global citizen）」の育成が重要であるという認識がある。そして、ユネスコをはじめ、NGOや学校の教師たちなどによって、開発教育や環境教育、平和教育、人権教育、多文化教育など、地球市民の育成と地球的諸問題の解決をめざした教育活動が進められてきた。SDGsをふまえた教育活動で取り組まれる地球市民の育成やよりよい社会づくりという課題は、古くて新しい課題なのである。

SDGs（Sustainable Development Goals：持続可能な開発目標）とは、2016年から2030年までの間に各国が協力して達成をめざすことが合意された国際目標である。これは、2001年に策定されたミレニアム開発目標（MDGs）の後継として定められたものであり、2015年9月の国連サミットで採択された「持続可能な開発のための2030アジェンダ」に記載されている（コラム⑫参照）。その内容は、持続可能な世界を実現するための17のゴール（**資料1-1**）と169のターゲットから構成される。

SDGsの達成に向けた取り組みは、「開発途上国」だけではなく「先進国」も行うべきものとされている。また、国際機関を通じて各国が協力しながら取り組みを進めるとともに、国内においても、行政、民間企業、NGOやNPO、個人などが、様々なかたちで取り組みを進めることが求められている。あらゆる人々や国々、組織などが協力することによって、地球社会を持続可能なものにしていくことがめざされているのである。

先述のように、現在、ユネスコを中心として、「持続可能な開発のための教育：SDGs実現に向けて（ESD for 2030）」が進められている。そこでは、ESDと呼ばれる教育活動を推進することが、SDGsの達成において不可欠の要素であるとされている。ESDの推進は国際的にも重視されているものであり、学校教育はその推進においても重要な役割を担うものなのである（コラム①も参照）。

2017年（高等学校、特別支援学校については2018年）に告示された学習指導要領では、その「前文」において、「これからの学校には、こうした教育の目的及び目標の達成を目指しつつ、一人ひとりの生徒が、自分のよさや可能性を認識するとともに、あらゆる他者を価値のある存在として尊重し、多様な人々と協働しながら様々な社会的変化を乗り越え、豊かな人生を切り拓き、持続可能な社会の創り手となることができるようにすることが求められる」（「中学校学習指導要領（平成29年告示）p.17」）ことが示された。同様の内容の記述が小学校、高等学校、特別支援学校に関しても見られるほか、「幼稚園教育要

資料1-1　SDGsの17のゴール

ゴール1［貧困］
貧困をなくそう
あらゆる場所あらゆる形態の貧困を終わらせる

ゴール10［不平等］
人や国の不平等をなくそう
国内及び各国家間の不平等を是正する

ゴール2［飢餓］
飢餓をゼロに
飢餓を終わらせ、食料安全保障及び栄養の改善を実現し、持続可能な農業を促進する

ゴール11［持続可能な都市］
住み続けられるまちづくりを
包摂的で安全かつ強靱（レジリエント）で持続可能な都市及び人間居住を実現する

ゴール3［保健］
すべての人に健康と福祉を
あらゆる年齢のすべての人々の健康的な生活を確保し、福祉を促進する

ゴール12［持続可能な消費と生産］
つくる責任つかう責任
持続可能な消費生産形態を確保する

ゴール4［教育］
質の高い教育をみんなに
すべての人に包摂的かつ公正な質の高い教育を確保し、生涯学習の機会を促進する

ゴール13［気候変動］
気候変動に具体的な対策を
気候変動及びその影響を軽減するための緊急対策を講じる

ゴール5［ジェンダー］
ジェンダー平等を実現しよう
ジェンダー平等を達成し、すべての女性及び女児のエンパワーメントを行う

ゴール14［海洋資源］
海の豊かさを守ろう
持続可能な開発のために、海洋・海洋資源を保全し、持続可能な形で利用する

ゴール6［水・衛生］
安全な水とトイレを世界中に
すべての人々の水と衛生の利用可能性と持続可能な管理を確保する

ゴール15［陸上資源］
陸の豊かさも守ろう
陸域生態系の保護、回復、持続可能な利用の推進、持続可能な森林の経営、砂漠化への対処ならびに土地の劣化の阻止・回復及び生物多様性の損失を阻止する

ゴール7［エネルギー］
エネルギーをみんなにそしてクリーンに
すべての人々の、安価かつ信頼できる持続可能な近代的なエネルギーへのアクセスを確保する

ゴール16［平和］
平和と公正をすべての人に
持続可能な開発のための平和で包摂的な社会を促進し、すべての人々に司法へのアクセスを提供し、あらゆるレベルにおいて効果的で説明責任のある包摂的な制度を構築する

ゴール8［経済成長と雇用］
働きがいも経済成長も
包摂的かつ持続可能な経済成長及びすべての人々の完全かつ生産的な雇用と働きがいのある人間らしい雇用（ディーセント・ワーク）を促進する

ゴール17［実施手段］
パートナーシップで目標を達成しよう
持続可能な開発のための実施手段を強化し、グローバル・パートナーシップを活性化する

ゴール9［インフラ、産業化、イノベーション］
産業と技術革新の基盤をつくろう
強靱（レジリエント）なインフラ構築、包摂的かつ持続可能な産業化の促進及びイノベーションの推進を図る

出所：外務省「持続可能な開発目標（SDGs）と日本の取組」p.3（https://www.mofa.go.jp/mofaj/gaiko/oda/sdgs/pdf/SDGs_pamphlet.pdf：2022年9月19日確認）を一部改変。

領」においてもその前文において、類似の趣旨の記述が見られる。SDGsの達成に向けた教育活動とは決して一部の特別な学校のみで取り組まれるものではなく、あらゆる学校階梯において、学校教育全体を通して取り組まれるべき不可欠のものとなっているのである。

03 よりよい社会づくりをめざすESD

日本ユネスコ国内委員会では、ESDを、**資料1-2**のように定義している。

資料1-2　日本ユネスコ国内委員会によるESDの定義

> 　今、世界には気候変動、生物多様性の喪失、資源の枯渇、貧困の拡大等人類の開発活動に起因する様々な問題があります。ESDとは、これらの現代社会の問題を自らの問題として主体的に捉え、人類が将来の世代にわたり恵み豊かな生活を確保できるよう、身近なところから取り組む (think globally, act locally) ことで、問題の解決につながる新たな価値観や行動等の変容をもたらし、持続可能な社会を実現していくことを目指して行う学習・教育活動です。
>
> 　つまり、ESDは持続可能な社会の創り手を育む教育です。

出所：文部科学省のウェブサイト内にある日本ユネスコ国内委員会のESDに関するページ (https://www.mext.go.jp/unesco/004/1339970.htm：2022年9月19日確認)。

　ここからわかるように、ESDでは、持続可能な社会の創り手の育成がめざされる。ただし、「持続可能な社会」とはどのような社会なのか、それはどのようにすれば実現可能なのかという問いに対しては、おそらく誰も「正解」を答えることはできないであろう。ESDとは、まさにこの「正解」のない問いに、多様な人々が協働で取り組むことが必要とされる教育活動なのである。

　ところで、本書において筆者は、資料などを参照する場合を除いては、「持続可能な社会づくり」という用語ではなく「よりよい社会づくり」という用語を意識的に使うようにしている。もちろんこれは、持続可能な社会の重要性や必要性を否定することを意図して

いるわけではない。しかしながら、「持続可能な社会」をめざすという方向性を「よきもの」として生徒に与えるのではなく、学習活動を通して生徒一人ひとりに、自身の考える「よきもの」を模索し、創りあげていってもらいたいと考えるためである。

04 2017年に告示された学習指導要領に見る 授業づくり・カリキュラム編成とESD

　2017年に告示された学習指導要領では、授業づくりおよびカリキュラム編成に関して、「主体的・対話的で深い学び」が重要なキーワードの一つとなっている（**資料1-3**）。

資料1-3　学習指導要領解説に見る「主体的・対話的で深い学び」の概要

　主体的・対話的で深い学びの実現に向けた授業改善の具体的な内容については、中央教育審議会答申において、以下の三つの視点に立った授業改善を行うことが示されている。教科等の特質を踏まえ、具体的な学習内容や生徒の状況等に応じて、これらの視点の具体的な内容を手掛かりに、質の高い学びを実現し、学習内容を深く理解し、資質・能力を身に付け、生涯にわたって能動的（アクティブ）に学び続けるようにすることが求められている。

① 学ぶことに興味や関心を持ち、自己のキャリア形成の方向性と関連付けながら、見通しをもって粘り強く取り組み、自己の学習活動を振り返って次につなげる「主体的な学び」が実現できているかという視点。

② 子供同士の協働、教職員や地域の人との対話、先哲の考え方を手掛かりに考えること等を通じ、自己の考えを広げ深める「対話的な学び」が実現できているかという視点。

③ 習得・活用・探究という学びの過程の中で、各教科等の特質に応じた「見方・考え方」を働かせながら、知識を相互に関連付けてより深く理解したり、情報を精査して考えを形成したり、問題を見いだして解決策を考えたり、思いや考えを基に創造したりすることに向かう「深い学び」が実現できているかという視点。

出所：文部科学省『中学校学習指導要領（平成29年告示）解説　総則編』東山書房、2018年、p.78。

第2章で詳述するように、ESDでは、学習に関わるすべての人々に対して、私たち一人ひとりが自身の行動を問い直し、めざす生き方や社会のあり方を考え、他者と協働しながらその実現に向けて取り組むことが必要とされる。そしてその過程では、他者との対話はもちろん、様々な資料の収集や読解、批判的な検討、解決策の模索、自他の考えの批判的な検討を通したよりよい考えの模索、問題解決のための行動の結果の検討や省察と改善などが重要な学習の要素となる。まさに、「主体的・対話的で深い学び」で強調される要点をすべて含み込むかたちで実践を展開することが求められるのである。

　また、ESDの実践のために特定の教科・領域（以下、各領域等）が設定されているわけではない。ESDは、学校教育全体を通して取り組むべきものと位置づけられているのである（ホールスクールアプローチ）。そのため、各教科等で扱われる学習内容や育成すべき資質・能力などをうまく関連づけることで、学習の効果を高めることが求められる。また、生徒一人ひとりが学習に参画し、よりよい社会の実現に向けた学習を進めるためには、生徒の実態をふまえることや、各学校および学校を取り巻く地域社会の状況などもふまえながらカリキュラムを具体化すること、より効果的な実践の実現のために学習環境を整備・充実させることも求められる。そのため、「生徒や学校、地域の実態を適切に把握し、教育の目的や目標の実現に必要な教育の内容等を教科等横断的な視点で組み立てていくこと、教育課程の実施状況を評価してその改善を図っていくこと、教育課程の実施に必要な人的又は物的な体制を確保するとともにその改善を図っていくことなどを通して、教育課程に基づき組織的かつ計画的に各学校の教育活動の質の向上を図っていくこと」（「中学校学習指導要領（平成29年告示）p.20」）とされるカリキュラム・マネジメントの視点および取り組みの推進が重要となる（コラム②も参照）。

　さらに、ESDは学校内での学習にとどまるものでも、とどめられるものでもない。すなわち、「よりよい学校教育を通してよりよい社会を創るという理念を学校と社会とが共有し、それぞれの学校において、必要な学習内容をどのように学び、どのような資質・能力を身に付けられるようにするのかを教育課程において明確にしながら、社会との連携及

び協働によりその実現を図っていく」(「中学校学習指導要領(平成29年告示)p.17」)という「社会に開かれた教育課程」の実現が、必然的に求められる(コラム⑤も参照)。

　このように、ESDは学習指導要領の内容とも深く関わるものであり、学習指導要領の要点をふまえてこそ効果的に実践しうるものでもある。まさに、今後の学校教育を支える重要な理念として、また、具体的な授業づくりやカリキュラム編成を行う際の要点を示すものとしてESDを捉え、学校教育に位置づけることが求められると言えよう。

05 ESDにおける学習評価

　学校教育の場において「目標に準拠した評価」を行うものとされていることからも分かるように、教育活動を進めるにあたっては、明確な教育目標を設定することと、その達成度をていねいに把握して児童生徒の学習ならびに教師による授業の改善に生かしていくことが求められている。これは、実践を「行いっぱなし」にするのではなく、生徒の確実な学力保障ならびに授業やカリキュラムの絶えざる改善の実現をねらったものであり、ESDを展開するうえでも重要な課題の一つとなる。そして、「目標に準拠した評価」を実質的に実践するためには、教育目標を明確に立てること、適切な評価方法を選択したり組み合わせたりすること、評価基準を設定して活用すること、などが基本的な課題となる。

　教育目標の設定に関しては、まず、実践を行う各教科等に固有の教育目標(その教科等の中でこそ、特に意識的に身につけさせたい力)と、ESDで特に重視されるべき教育目標(ESDを実践するうえで、特に意識的に身につけさせたい力)のそれぞれを明確にすることが必要となる。そしてそのうえで、両者を可能な範囲で関連づけながら、各単元や個々の授業の教育目標を設定することが重要である。前者はその実践を、実践を行う各教科等の学習として成立させるために必要な点であり、後者はESDの学習として成立させるために必要な点である(第2章、第3章、コラム③も参照)。

評価方法の選択や組み合わせに関しては、まず、設定した教育目標への到達の度合いを把握するのに適切であると考えられる評価方法とは何か、という視点で検討を行うことが重要となる。例えば、一般的に地球温暖化の原因と言われているものを知っているかどうかということや、探究活動の成果をレポートにまとめる際に参照した資料の出典を正確に記載する力を有しているかを確認するためには、「○」「×」の二分法で採点可能な、客観テスト式の方法が役立つだろう。一方、特定の知識やスキルの習得だけではなく、「答え」のない課題の解決に向けて、他者とも協働しながら探究的に取り組む力の把握には、パフォーマンス評価の導入が役立つと考えられる。このように、様々な評価方法の特性をふまえて評価方法の選択と組み合わせを検討することが求められる。

　評価基準の設定と活用は、生徒の学習状況（教育目標への到達の度合い）を適切に把握してその後の指導や学習の改善につなげるためにも、また、評価の客観性や公平性を担保するためにも重要である。特に、パフォーマンス評価を行う際には、評価基準表であるルーブリックを開発・活用することが大きな助けになるだろう（第2章および第3章も参照）。また、ルーブリック等を教師が評価を行う際にのみ活用するのではなく、生徒とも共有して学習の過程で行う自己評価や相互評価にも活用することにより、「知識・技能」および「思考・判断・表現」の評価と「主体的に学習に取り組む態度」の評価とを並行して進める助けとなるだろう。

（木村　裕）

参考文献
・木村裕・吉田薫編著『ミネルヴァ教職専門シリーズ⑥　教育課程論・教育評価論』ミネルヴァ書房、2022年。
・永田佳之編著・監訳、曽我幸代編著・訳『新たな時代のESD　サスティナブルな学校を創ろう―世界のホールスクールから学ぶ』明石書店、2017年。
・奈良教育大学ESD書籍編集委員会編著『学校教育における SDGs・ESDの理論と実践』協同出版、2021年。

コラム① ESDとSDGsとの関係を考える

「ESDとSDGsとの関係をどう捉えればよいのか?」「ESDとSDGs、どちらの用語を使えばよいのだろう?」「これからは、ESDではなくSDGsだ」などの声を聞くことがある。学校現場において、ある意味ではあたり前に「使われる」ようになってきたこれら2つの単語の意味と関係について、ここでは確認してみたい。

第1章でも示したように、ESDとはEducation for Sustainable Developmentの略称であり、日本語では「持続可能な開発のための教育」と訳されている。ESDとは、「教育」なのである。したがってその主眼は「人を育てること」にあり、育成したい人間像や学習者に身につけてもらいたい力量などを示す「教育目的」や「教育目標」の達成に向けて、その具体的な内容や方法などが計画され、実践されることになる。

一方、SDGsとはSustainable Development Goalsの略称であり、日本語では「持続可能な開発目標」と訳されている。SDGsとは、「目標(ゴール)」なのである。したがってこれは、個人や企業、地方自治体や国の政府などの様々な主体が、様々な方法で、その達成に向けた取り組みを進めていくべきものと捉えられる。

以上をふまえれば、ESDとSDGsとは「置き換え可能」なものではなく、どちらの用語を使うかを問うべき関係でもなければ、ESDの次にSDGsがあるというわけではないことも分かるだろう。第1章において、「国連持続可能な開発のための教育の10年」(2005〜2014年)および「ESDに関するグローバル・アクション・プログラム」(2015〜2019年)の後継枠組みとして、「持続可能な開発のための教育:SDGs実現に向けて(ESD for 2030)」(2020〜2030年)が採択され、現在に至っていることを述べた。ESDという「教育(活動)」を推進することを通して、SDGsという「目標(すべてのゴール)」を達成することが求められているのである(ただし、それとともに、ESDはゴール4のターゲット4.7にも位置づけられている)。

ただし筆者は、「持続可能な社会」をめざすという方向性を「よきもの」として生徒に与えるのではなく、学習活動を通して生徒一人ひとりが、自身の考える「よきもの」を模索し、創りあげていけるようにするための力量を形成することが重要であると考えている。そのため、SDGsそのものを問い直すという視点も持ちつつ、「よりよい社会づくり」の実現に取り組むための力量形成や社会づくりをめざす教育活動として、ESDを捉えたい。

(木村　裕)

第2章 ESDの実践づくりにおいて意識したいこと

本章のねらい

　ESDでは、「相互依存関係」という概念が重要なキーワードの一つとして挙げられる。本章ではまず、この「相互依存関係」とは何か、実生活においてそれがどのように見られるのかを概説し、それをふまえて、SDGsが私たちと無関係ではありえないことを確認する。そのうえで、ESDを構想し、実践する際に留意すべき点について、教育目標を設定する際の観点、取り上げるべき学習テーマ、教育評価の方法や実践の方向性、教師に求められる役割という視点から概説する。

私たちと世界とのつながり

　本書を読み進めることをいったんストップして、自身の周りを見渡してみていただきたい。何か、世界とのつながりを感じられるものはあるだろうか。

　例えば、現在着ている服を見てみよう。生地の原材料の入手、生地の製造、裁断や縫製、梱包などは、すべて自国内で行われているだろうか。筆記用具はどうだろう。スマートフォンはどうだろう。食べ物や飲み物はどうだろう。他国とのつながりが全くないものを見つけることは、かなり難しいのではないだろうか。私たちはすでに世界とつながっているのである。

　続けて考えてみよう。その製品は、どのようにしてつくられ、どのようにして私たちの手元まで運ばれてきたのだろうか。例えば服について考えてみると、天然繊維であればその原料を育てたり加工したりする人や場所が、化学繊維であればその原料となる石油や加工する人と場所などが存在しているはずである。輸送には、飛行機やトラックなどが使われ、燃料が必要だっただろう。店舗では照明がつけられ、空調も効いていたのではないだろうか。通信販売を利用した場合、製品はていねいに梱包され、郵送されてきたのではないだろうか。

　さらに、こうしたプロセスの一つひとつの場面では、人件費が発生し、働く人々の労働環境も存在する。もし、そうした人件費や労働環境などが適正なものでなかったとすれば、そこには是正すべき人権問題や経済構造が存在しているはずである。また、原料の入手や加工、輸送などに際した石油の使用や二酸化炭素の排出などは、地球環境にも影響を与えるだろう。服に注目するだけでも、様々な地球的諸問題との関連の可能性を指摘できるのである。

　このように、切り離せない世界とのつながりの中で、私たちの何かしらの行動は、他者（すぐ隣の他者かもしれないし、遠く離れた異国に生活する他者かもしれない）の状況や行動に影響を受けるとともに、他者の状況や行動に影響を与えている。お互いに影響を受

けたり与えたりし合っているこの関係は、「相互依存関係」と呼ばれる。世界には無数の相互依存関係が存在しており、その相互依存関係によって世界は形成され、機能しているのである。

　こうした相互依存関係の中では、私たちの何らかの行動の変容は、様々なかたちで現状および未来に影響を与えうる。また、「何も行動の変容を起こさない（現在の生活や行動をそのまま続ける）」という選択をするということは、現状を肯定し、維持するというかたちで現状および未来に影響を与えることになる。だからこそ、SDGsは、私たちと無関係ではありえないのである。

02 ESDを通してどのような力を育てるのか

　先述のように私たちは複雑な相互依存関係の中に存在している。ただし、そうした相互依存関係を認識できるかどうかは、私たちのものの見方や考え方、知識や経験などに依る。ESDでは、こうした相互依存関係を認識するとともに、それをふまえて私たち一人ひとりが自身の行動を問い直し、めざす生き方や社会のあり方を考え、他者と協働しながらその実現に向けて取り組むことが求められる。ここでは、そうした教育活動を通して学習者に身につけさせたい知識や技能などを示す教育目標の設定について考える。

　教育目標は、授業や学習活動の向かうべき方向を示す指針になるとともに、後述する教育評価を行う際の評価基準設定の指針ともなる。この教育目標の設定にあたり、国立教育政策研究所の『学校における持続可能な発展のための教育（ESD）に関する研究〔最終報告書〕』（2012年、p.9）にある「ESDの視点に立った学習指導で重視する能力・態度（例）」がしばしば参照される。そこでは、4つの能力（「批判的に考える力」「未来像を予測して計画を立てる力」「多面的、総合的に考える力」「コミュニケーションを行う力」）と3つの態度（「他者と協力する態度」「つながりを尊重する態度」「進んで参加する態

度」）が挙げられている。

　ただし、これは「例」とされており、必ず依拠しなければならないというものではない。本書では、これら4つの能力と3つの態度の内容も念頭に置きつつ、オーストラリアの開発教育やグローバル教育に関する研究などもふまえて、学習者に身につけさせたい力を①「社会認識の深化」、②「自己認識の深化」、③「行動への参画」という3つの観点で整理する（コラム③も参照）。これは、学習上の要点をできるだけ簡潔かつ明確にし、実践に際して、各教科等に固有の教育目標と関連づけた教育目標の設定、教育目標達成のための指導や支援の要点の明確化、評価の観点の簡素化や評価基準の設定のしやすさなどを促すための試みでもある。

①「社会認識の深化」

　地球的諸問題の現状や原因、問題同士の相互依存関係、諸問題を生み出す社会構造の形成に影響を及ぼしているイデオロギーや権力、利害のせめぎ合いなどの実態についての認識を深めることをさす。SDGsの達成やよりよい社会づくりの実現をめざすならば、解決すべき諸問題が生み出されている原因や現状、解決に向けたこれまでの取り組みならびにその成果と課題などについての認識を深めておく必要がある。これがなければ、「思いつきの解決策」の模索に陥ってしまうためである。

②「自己認識の深化」

　自身と地球的諸問題との間の相互依存関係や問題解決に取り組むための自身の力量に関する認識を深めたり、イデオロギーや権力などが自他の認識や価値観などに与えている影響についての認識を深めたりすることをさす。学習者が社会認識をどれほど深めたとしても、自身と諸問題との関係を認識できなかったり、自身の持つ問題解決に向けた力についての認識を深められなかったりすれば、当事者性を伴う学習を行ったり問題解決に向けた行動に参画したりすることにはつながらないと考えるためである。

③「行動への参画」

諸問題の解決やそれを通したよりよい社会づくりのための行動のあり方や具体的な方法などを検討し、実際にその行動を行うことをさす。「行動」には、諸問題に関する自他の認識を深めるための情報提供・情報共有（「学習の成果の発信」「意見交流」など）や、より実践的な社会づくりのための行動（個人で取り組むことのできる生活改善、投票やキャンペーン活動など）など、多様なものがある。私たち一人ひとりが他者と協働しながらよりよい社会の実現に向けて取り組む際には、様々な行動のあり方や方法などがあることをふまえて、自分だけでできることや他者と協働すればできることなどを検討し、自分にできるかたちで取り組む（ための力量形成を行う）ことを意識するとよいだろう。

ただし、どのような行動に参画する場合でも、社会認識と自己認識に基づきながら、とるべき行動を学習者自身が自己決定することが重要となる。この点が保障されなければ、学習者が学習や問題解決の主体として位置づくことが困難になるためである。そのためにも、「行動への参画」を見据えながら、自己決定に必要となる知識や技能などの獲得・向上を保障する学習活動を位置づける必要がある。

なお、第1章で確認したように、教育目標の設定に関しては、実践を行う各教科等に固有の教育目標をふまえることも必要である。この点については、学習指導要領等を参照しながら検討することが効果的であろう。

03 何を扱うのか

ESDには、必ず扱わなければならないテーマが設定されているわけではない。ただし、例えば日本ユネスコ国内委員会は、**資料2-1**のようなかたちでESDの基本的な考え方と関連するテーマを示している。また、先述した国立教育政策研究所の報告書（p.6）では、「『持続可能な社会づくり』の構成概念（例）」として、「多様性」「相互性」「有限性」「公

資料2-1　ESDの基本的な考え方と関連するテーマ

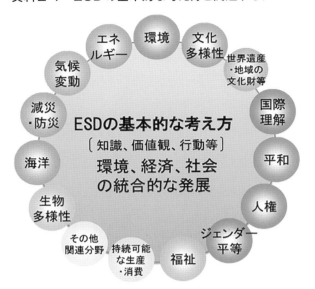

出所：日本ユネスコ国内委員会「持続可能な開発のための教育（ESD）推進の
手引」（令和3年5月改訂版）［初版：2016年］、p.3
（https://www.mext.go.jp/content/20210528-mxt_
koktou01-100014715_1.pdf：2022年9月19日確認）。

平性」「連携性」「責任性」を挙げている。これらの内容も参考にしながら、生徒の実態をふまえ、社会の現状を把握するとともに、よりよい社会のあり方を構想したりその実現に向けた行動に参画したりするための力量形成が可能となるテーマを選択することが求められる。

ところで、「○○（例えば、環境）について扱ったからSDGsについての学習（あるいは、ESD）を行った」とすることには注意が必要である。SDGsで挙げられるテーマは互いに深く関連しており、本来、特定のテーマのみを切り離して扱うことはできない。また、ESDの主眼はよりよい社会づくりの担い手の育成であるため、どのテーマを扱ったのかではなく、ESDで求められる力量形成が実現されたのか、ESDで求められる学習の特徴を反映した実践がなされたのかという視点を大切にしたい。

04 どのように評価するのか

第1章で確認したように、ESDにおいても、生徒の確実な学力保障と、授業ならびに教育課程の絶えざる改善をめざして、「目標に準拠した評価」を実質的に実践することが重要となる。そのためには、教育目標を明確に立てること、適切な評価方法を選択したり

組み合わせたりすること、評価基準を設定して活用すること、などが基本的な課題となる。

　資料2-2は、先述した「社会認識の深化」「自己認識の深化」「行動への参画」の観点で教育目標を設定する際に留意すべき視点と、各観点に関する力の高まりを示したルーブリックの試案である。これは、小学校段階から大人に至るまでの長期に渡る力の高まりを想定して作成している。実際の活用にあたっては、これを一つの「たたき台」としながら、生徒の実態をふまえて適切なレベルや内容のルーブリックを作成することが効果的であろう（第3章も参照）。

05 教師はどのような役割を担うのか

　ESDに限らず、教育実践に取り組む際に、教師は様々な工夫を行ったり役割を担ったりしている。そのため、教師が担うべき役割をすべて挙げることはできないが、ここでは特に、「ファシリテーター」と「コーディネーター」という二つの役割を示しておきたい。

　ファシリテーターとは、学習に参加する人々の相互の学び合いを可能にするように、学習活動を促進する役割を担う人を指す。ESDでは、教師や大人が「答え」を教えることはできず、生徒もまた、教師が説明した内容や教科書等に書かれている内容を暗記すればよいというわけでもない。そのため、教師と生徒が共によりよい答えを見つけ出すことをねらい、教師が生徒の経験やアイディアを引き出したり、お互いの考えを深め合ったりできるようにするような働きかけを行うことが大切になるのである。

　ただし、これは教師が「教える」ことを否定するものではない。共有すべき事実や考え方などを教師が分かりやすく説明して生徒の理解を促したり、説明を通して生徒の考えを揺さぶったり引き出したりすることが必要な場面も出てくるだろう。必要なことは教えつつも、それをふまえながらお互いの考えを深化させるような働きかけが重要となるのであ

資料2-2　ESDにおける教育目標設定の3観点とそれに基づくルーブリック試案

	主に学校教育において保障すべき学力に関する観点		
	社会認識の深化		自己認識の深化
教育目標を設定する際に留意すべき視点	*社会にはどのような現状（地球的諸問題の現状、原因、解決に向けたこれまでの取り組みの成果と課題など）があるのか？ *地球的諸問題には、どのような時間的（過去―現在―未来）、空間的（他の地域や国々など）、問題同士の相互依存関係が見られるのか？ *社会に存在する複数のイデオロギーや権力、利害のせめぎ合いが、地球的諸問題を生み出す社会構造の形成にどのような影響を及ぼしているのか？	*自身と他者や社会、地球的諸問題との間には、どのような相互依存関係が見られるのか？	*自他の意識的・無意識的な認識や価値観、判断などに対して影響を与えている要因（文化、価値観、イデオロギーや権力、利害のせめぎ合いなど）にはどのようなものがあるのか？
各観点に関する力量の質 高い ↑ ↓ 低い	社会に存在する地球的諸問題の現状を、時間的、空間的、問題同士の相互依存関係、およびイデオロギーや権力、利害のせめぎ合いという**視点のすべてを用いて得られる情報を関連づけながら**、認識することができている。	自身と他者や社会、地球的諸問題との間の相互依存関係について、例を挙げ、**自身の行動が及ぼしうる影響を示すことができる**。	**様々な要因が自他の認識や価値観、判断などにどのような影響を与えているのかを、複数、具体的に示すことができる。**
	社会に存在する地球的諸問題の現状を、時間的、空間的、問題同士の相互依存関係、およびイデオロギーや権力、利害のせめぎ合いのうちの**複数の視点を用いて**、認識することができている。	自身と他者や社会、地球的諸問題との間の相互依存関係について、例を挙げ、**起こりうる問題を示すことができる**。	自他の認識や価値観、判断などに影響を与えている要因の**例を、複数、具体的に示すことができる**。
	社会に存在する**地球的諸問題の現状を、時間的、空間的、問題同士の相互依存関係、およびイデオロギーや権力、利害のせめぎ合いという視点のうちのいずれかから**、認識することができている。	自身と他者や社会、地球的諸問題との間の相互依存関係の**例を、具体的に示すことができる**。	自他の認識や価値観、判断などに影響を与えている要因が**複数あることを認識している**。
	社会に**様々な地球的諸問題が存在していることを認識**することができている。	自身と他者や社会、地球的諸問題との間に**相互依存関係があることを認識している**。	**自他の認識や価値観、判断などに影響を与えている要因があることを認識している。**
	社会に地球的諸問題が存在していることを、まったく、あるいはほとんど認識できていない。あるいは、誤った認識にとどまっている。	自身と他者や社会、地球的諸問題との関係について、まったく、あるいはほとんど認識できていない。	自他の認識や価値観、判断などに影響を与えている要因について、まったく、あるいはほとんど認識できていない。

注：各欄に示した質に関する記述のうち、太字の箇所は、一段階下の尺度に示した記述内容とは特に異なる特徴に関する記述を示す。

出所：木村裕「価値観や行動に関わる指導と評価に活かすルーブリック開発の試み ──オーストラリアのグローバル教育の検討をふまえて」『教育目標・評価学会紀要』第26号、2016年、p.8の表4に加筆修正をして、筆者が作成。

（※ 右の「行動への参画②」も含めることもありうる）		行動への参画① （情報提供・情報共有）	主に学校外での取り組みを通した高まりをめざすべき力量に関する観点 行動への参画② （より実践的な行動）
*自身には、問題解決に取り組むための力量がどの程度あるのか？ *自身がより効果的に問題解決に取り組むために、どのような力量をさらに身につけるべきなのか？		*自身の有する社会認識と自己認識に基づきながら、地球的諸問題に関する自他の認識を深めるために、どのような情報提供や情報共有を、どのようにして行えばよいのか？	*「行動への参画①」をふまえると、より実践的な行動をどのように選択し、どのように参画すればよいのか？
問題解決に取り組むための自身の力量の現状を認識すると共に、その向上の方針を、**他者からの指摘もふまえつつ、自己評価することができている。**		よりよい社会づくりへの参画を意識しながら、複数の視点や立場から集めた情報を**その妥当性や信頼性という視点から批判的に吟味**したうえで、**それらを総合して得られる解釈**を他者と伝えあい、**より妥当な情報を共有**することができる。	複数の情報や根拠を吟味したうえで**互いが選択した行動とその理由について他者と議論を行い、合意形成を図るとともに**、起こりうる結果もふまえたうえで、よりよい社会づくりの実現のためにより妥当性が高いと考えられる行動を選択・実行している。
問題解決に取り組むための自身の力量の現状を認識すると共に、**その向上の方針を、他者から指摘されて認識している。**		よりよい社会づくりへの参画を意識しながら、複数の視点や立場から集めた情報を**批判的に分析**し、**自身の解釈とともに**他者に伝えることができる。	複数の情報や根拠を吟味するとともに、自身の選択した行動を起こすことによって**起こりうる結果もふまえたうえで**、よりよい社会づくりの実現のためにより妥当性が高いと考えられる行動を選択・実行している。
問題解決に取り組むための自身の力量について、**他者からの指摘もふまえつつ、自己評価することができている。**		よりよい社会づくりへの参画を意識しながら、**複数の視点、立場から集めた情報を他者に提供したり、他者から得たり**することができる。	⇒ **複数の情報や根拠を吟味し、より妥当性が高いと考えられるものに基づいて、**よりよい社会づくりの実現のために自身がとるべき行動を選択・実行している。
問題解決に取り組むための自身の力量について、**他者からの指摘の通りに認識している。**		よりよい社会づくりへの参画を意識した他者への情報提供や他者との**情報共有はできているが、その内容は一面的・一方的**である。	**ある情報や根拠に基づき、**よりよい社会づくりの実現のために自身がとるべき行動を選択・実行しているが、**その情報や根拠は一面的**である。
問題解決に取り組むための自身の力量について、まったく、あるいはほとんど認識できていない。		よりよい社会づくりへの参画を意識した情報を他者に伝えたり、他者からの情報を受け入れたりすることができない。	よりよい社会づくりの実現のためにとるべき行動のあり方をイメージできていない、あるいは、他者の考えを無批判に受け入れた状態で、それに基づき行動を選択・実行している。

る。

　コーディネーターとは、ものごとを調整したりまとめたりする人を指す。ESDは、学校内のみでは完結せず、また、教師がすべてを担うことも困難である。よりよい社会づくりに関わる人々（地域住民、NGOや企業、行政機関のスタッフなど）へのインタビューや意見交換、フィールドワーク、同じ学校や他の学校の生徒との交流活動など、学校内外の人々との連携を行うことで、より充実した実践を展開することが可能になる。教師には、そうした学習活動を展開するために連携可能な人々や団体等の把握や予備調査、打ち合わせなどを行ったり、授業の内容や単元構成などを調整したりすることが求められるのである。

　こうした役割を担うことに関しては、「何だか大変そう……」「自分に務まるのかな……」などと感じる方もいらっしゃるかもしれない。もちろん個人の努力も重要ではあるものの、必ずしもこうした役割のすべてを一人で担わなければならないというものではない。例えば、学校全体として連携可能な人々や団体等に関する情報を共有したり、授業づくりや単元構成などに関するアイディアを共有したりすることによって、学校全体としての取り組みも広がりやすくなり、また、その質も向上させやすくなるだろう。こうした助け合いもまた、ESDを持続的かつ効果的に進めるうえで重要である（コラム⑭も参照）。

（木村　裕）

参考文献
・木村裕『オーストラリアのグローバル教育の理論と実践 ── 開発教育研究の継承と新たな展開』東信堂、2014年。
・鈴木敏正・降旗信一編著『教育の課程と方法 ── 持続可能で包容的な未来のために』学文社、2017年。
・田中治彦・奈須正裕・藤原孝章編著『SDGsカリキュラムの創造 ── ESDから広がる持続可能な未来』学文社、2019年。

カリキュラム・マネジメントで ESDを豊かに展開する

　実践のための特定の教科・領域が設定されているわけではないESDの推進に際しては、各教師が、単独で担当する授業において取り組んでみることが第一歩となるかもしれない。ただし、学校教育全体を通して取り組むべきものと位置づけられていることを念頭に置けば、個々の教師による取り組みに加えて、学校全体で、充実した実践の実現に向けて取り組むことも重要な課題となる（ホールスクールアプローチ：Whole School Approach）。

　学校の教育課程は、学校教育目標の達成をめざして、各種法令や学習指導要領などの内容をふまえながら編成されるものである。そのため、各学校では、自校の生徒や学校、地域の実態などをふまえつつ、ESDを通してどのような生徒の育成をめざすのかを明確にする必要がある。その際には、生徒の興味関心、既有の経験や力量、生徒や保護者、地域住民の願いや想い、教師の経験や強み、学校が有する教材や設備、協働することができる学校外の人々や組織などを明らかにすることが重要となる。

　さらに、教育活動の内容の充実も不可欠である。そのための具体的な方法の一つとして、「ESDカレンダー」の作成が挙げられる。ESDカレンダーとは、すべての教科・領域で扱われる学習内容や学習スキルなどのつながりを可視化させたものである。たとえば、総合的な学習の時間において、「自分たちの住む地域の将来像を描こう」という単元を設定したと考えてみよう。このテーマに取り組むにあたり、「調べたことを整理したり分かりやすく表現したりする力は、国語の授業を通して高めることができそうだ」「地域の特色や魅力を知るために、社会科の学習内容を生かせるのでは？」「中学生が地域づくりに参画したエピソードが、英語の教科書で扱われていたな」というかたちでアイディアを出し合い、それを図式化していくのである。ESDカレンダーにより、どの時期に、どの学年のどの教科・領域で、どのような学習を行うのかを共有できる。そのため、ESDカレンダーの作成と活用は、教科・領域を超えた学習内容の関連づけや学習スキルの育成などを意識した教科横断的な学習活動を構想・実践するための大きな助けとなる。

　ESDに学校全体で取り組むにあたり、たとえば校内研究の一環として、ESDカレンダーの作成、それに基づく単元開発や授業づくりと実践、実践の検証とESDカレンダーの改善を行う、といったかたちも考えられよう。その際には、上述したようなかたちでカリキュラム・マネジメントの要点とうまく関連づけることで、豊かなESDを展開することをめざしたい。

（木村　裕）

ESDで身につけさせたい力の整理と教育目標の設定

ESDの様々な実践校でしばしば参照されるのが、国立教育政策研究所（以下、国研）の『学校における持続可能な発展のための教育（ESD）に関する研究〔最終報告書〕』（2012年）に示された「『持続可能な社会づくり』の構成概念（例）」と「ESDの視点に立った学習指導で重視する能力・態度（例）」である。前者は6つの概念で、後者は4つの能力と3つの態度で構成される（その内容は、表コラム3-1に示した通り）。

本書では、オーストラリアのグローバル教育に関する研究などもふまえ、学習者に身につけさせたい力を「社会認識の深化」「自己認識の深化」「行動への参画」の3観点で整理した。表コラム3-1は、この3観点と国研の報告書に示された「構成概念（例）」「能力・態度（例）」との関連を示したものである（特に関連が深いと考える項目に「○」をつけた）。

国研の示す「例」も、本書で示す3観点も、絶対的なものではない。学校や教師によって、使いやすさは異なるだろう。学習者の実態や学校を取り巻く状況などによっては、これらの中でも特に重点を置く必要があるものとそうではないものが見えてくる場合もあるだろう。また、ここに挙げられたもの以外に重視すべき能力や態度が想定される場合も出てくるだろう。実践に際してはこうした点も念頭に置きつつ、ESDで身につけさせたい力の整理と教育目標の設定を行うことが重要である。

（木村　裕）

表コラム3-1
国立教育政策研究所の報告書に示された「構成概念（例）」「能力・態度（例）」と本書の教育目標の3観点との主要な関連

		社会認識の深化	自己認識の深化	行動への参画
人を取り巻く環境に関する概念	Ⅰ 多様性（いろいろある）	○		
	Ⅱ 相互性（関わりあっている）	○	○	
	Ⅲ 有限性（限りがある）	○		
人の意思や行動に関する概念	Ⅳ 公平性（一人一人大切に）	○		
	Ⅴ 連携性（力を合わせて）		○	
	Ⅵ 責任性（責任を持って）		○	○
能力	① 批判的に考える力	○	○	
	② 未来像を予測して計画を立てる力			○
	③ 多面的、総合的に考える力	○	○	
	④ コミュニケーションを行う力			○
態度	⑤ 他者と協力する態度		○	○
	⑥ つながりを尊重する態度		○	
	⑦ 進んで参加する態度			○

出所：木村裕「『持続可能な開発のための教育』における教育評価実践のあり方に関する一試論──オーストラリアのグローバル教育研究の成果を手がかりに」『人間文化』38号、滋賀県立大学人間文化学部、2015年、p.11の表4を一部改変して、筆者作成。

第Ⅱ部 実践編

第3章 「ことば」の力を育み、未来の創造につなげる 国語

本章のねらい

　情報を得るとき、何かを解釈するとき、自身の考えを伝えるとき、自身の考えをふりかえるとき、他者と相談するとき、他者と協力して何かを行うとき……私たちは様々な場面で、「ことば」を使う。「ことば」には、私たちが世界を豊かに読み解き、自他の考えを深め、他者や世界に働きかけるための力があるのである。したがって、「ことば」はまた、世界を知り、自他を知り、よりよい未来を創造することをめざすESDに取り組むうえで欠かすことのできない、重要な役割を果たす。本章では、そうした「ことば」の力を育み、未来の創造につなげる国語科の取り組みについて考えてみたい。

【実践 ❶】
自他の「ものの見方・考え方」を意識化させる

写真3-1　授業で使用した写真

出所：筆者撮影。

授業開始のチャイムが鳴り、挨拶が終わった後で、教師は1枚の写真（**写真3-1**）をスクリーンに映し出した。生徒たちは不思議そうにその写真を見ている。教師は、「これは、先生がオーストラリアで撮影した写真です。この写真を使って、校内に何かを呼びかけるポスターをつくることになり

ました。皆さんなら、何を呼びかけるポスターにしますか？」とたずねた。

「『ゴミを正しく分別しましょう』とか？」「私だったら、『さて、どこに捨てるでしょう』にするかな」などの意見が聞こえてくる。教師は、「3分間、時間を取ります。隣の人と、自分なら何を呼びかけるポスターにしようと考えたか、そして、それにしようと考えた理由を伝え合ってみましょう」と指示した。

ペアでの話し合いの後、出てきた意見を共有した。

生徒A：私は、「ゴミを正しく捨てましょう」と呼びかけるポスターを考えました。ゴミ箱が4つ
　　　　あって、それぞれに、捨てるものかなと思う写真が貼ってあったり、説明らしきものが
　　　　書かれていたりするからです。

生徒B：僕は、「みんなの公園をみんなできれいにしよう！」という内容を考えました。何となく公園の写真かなと思ったのと、横にある階段と比べると結構大きいゴミ箱なので、みんなで掃除をするために持ってきたのかなと思ったからです。

生徒C：私は、「国が変わればゴミ箱も変わる」にしました。日本では見たことのないサイズと種類のゴミ箱だなと思ったことと、普段あたり前に使っているものでも、国によって違いがあることに気づいてもらうのに使えそうだなと思ったからです。

これらの意見を確認した後、教師はプリントを配布し（資料3-1）、「これは、私がこの写真を使ってつくったポスターです。少し時間を取るので、各自で読んでみて、皆さんの考えと似ていたか、似ていなかったか、私がつくったポスターの内容について納得するか、疑問に思うことがあるか、などを考えてみてください」と言った。

プリントを読む生徒からは、「想像していたのと違う」「こんなの、写真だけでは思いつかないですよ」などの声が挙がる。それを受けて、教師は、「もちろん、私の考えた内容と似ていたからすごいとか、違っていたからいけないということではありません。なぜ自分がそう解釈したのか、なぜ私のつくったポスターの内容を想像するのが難しかったのか、などを考えてみてください」と言い、さらに、続けた。

「私たちは、無意識のうちに、自分の知識や経験に基づいて物事を解釈しがちです。それには、まだ知らない内容や経験したことがない状況に対応したり、状況判断を行ったりしうるというよさもありますが、考えることが狭くなってしまったり、場合によっては、思い込みや偏見などにつながってしまったりすることもあります。でも逆に、今のように

資料3-1　プリントに掲載したポスターの例

みんなで創ろう！環境に優しい学校！

作成者：〇〇〇〇

　学校を今よりもよいものにしていこうと考えたとき、誰が、どのようにして、どのような取り組みを行えばよいのでしょうか。私は、学校に関わる様々な人たちが、相談をしながら取り組みの内容を相談・決定し、その実現に向けて力を合わせていくことが大切だと考えます。

　右の写真は、オーストラリアの学校に設置されたゴミ箱の写真です。ゴミを分別するために、ゴミ箱は4つ設置され、それぞれに捨ててよいものが示されています。ただし、このゴミ箱は、先生が初めからこの学校に置いていたわけではありません。

　このゴミ箱の設置を提案したのは、この学校に通う数人の生徒たちでした。環境問題に関する授業を通して、ゴミの分別を行い、リサイクルも含めて適切な処理を行うことの重要性を学びました。しかしこの学校には、ゴミの分別を行うシステムが整っていなかったのです。

　「知っているだけで行動しなければ、環境問題は解決できない」と考えた生徒たちは、先生に相談しました。そして、何種類に分けるとよいのか、学校全体でゴミ箱はいくつ必要なのか、ゴミ箱を購入する費用をどのようにして準備するのか、他の生徒たちや保護者、学校に出入りされている地域住民や業者の方たちの理解をどのようにして得るのかなど、考えるべき課題がたくさんあることに気づいたのです。そこで、生徒たちは、他の学校や自治体で行われている取り組みを調べたり、学年集会やニュースレターなどで必要性を呼び掛けたり、地元企業に資金援助をしてもらえないか相談したりしました。そうした取り組みが実を結び、ゴミ箱の設置と活用が実現したのです。

　私はこのエピソードから、学習したことをよりよい学校づくりに生かすこと、学校に関わる様々な人たちが、きちんとした情報に基づいて相談し、方向性を決定し、協力しながら取り組みを進めていくことの重要性を学びました。皆さんも、こうした取り組みの重要性について考えてみませんか？

出所：筆者作成。

お互いの考えをことばにして伝え合い、聞き合うことで、様々な考え方を知ったり、ある物事についていろいろな方面から考えたりすることもできます。それは、お互いの視野を広げたり考えを深めたりすることにつながり、様々な可能性を広げていくことにもつながると、私は考えます。私たちが普段何気なく使っている『ことば』には、すごい力があると思うのです」。

　「皆さんはこれまで、総合的な学習の時間を中心に、SDGsに関連する学習を進めてきています。そこでは、現在の社会の様子を知り、さらに住みやすい社会をつくるために解決すべき課題やその解決方法などについて学んできていると思います。これからの数時間、国語の授業では、まず、『ことば』の力について学習していきます。そしてその『ことば』の力を生かしながら、総合的な学習の時間で学習してきたこともふまえて、さらに住みやすい社会をつくるためのポスターを作成していきたいと思います」。

【実践 ❷】 「ことば」の力を発揮するための要点を確認する

　その後、教師は生徒たちに、「皆さんには、先ほど私が示したような『写真、あるいはイラスト』と『それに関する説明の文章』を含めたポスターを作成してもらいたいと思います。作成は個人で行いますが、その前に、全員で、どのような点を意識しながら作成するとよさそうかを確認していきましょう」と言い、黒板の中央に、先ほど例として示したプリント（**資料3-1**）を拡大したものを貼り付けた。そして、「この例を見て、『工夫されているな』『こうすると分かりやすいな』などと思った点と、『もっとこうした方が分かりやすくなるんじゃないかな』『自分だったらこうするな』などと思った点を挙げながら、作成の際のポイントを考えて、発表してもらいたいと思います。まずはペアで考えてみましょう」と投げかけた。

　ペアでの話し合いを行った後、出てきた意見を発表してもらい、教師はその意見を、黒

資料3-2　出てきた意見をまとめた板書

・タイトルに興味を持てる
　　⇒　インパクトがある
　　⇒　内容を読んでみたいと思える

・信頼できる情報に基づいている
　　⇒　データや根拠、インタビューの結果など
　　　　を示している
　　⇒　情報の出所がはっきりしている

・偏った情報になっていない
　　⇒　自分に都合のいい情報だけではない
　　⇒　賛成・反対の意見を示せている

・示した情報が分かりやすい
　　⇒　説明が文字ばかりで長々と書かれてい
　　　　ない
　　⇒　情報と説明が結びついている

・言いたいことが分かりやすい
　　⇒　主張と理由が明確に書かれている
　　⇒　分かりにくい言葉、難しい言葉が使わ
　　　　れていない

出所：筆者作成。

板の空いたスペースに板書していった。その結果、**資料3-2**のような板書ができあがった。

　できあがった板書を確認しながら、教師は、次のように話した。「今、皆さんから出してもらったポイントは、どれも、『ことば』の持つ力を充分に発揮するうえで重要なものです。たとえば、内容を伝える、そして、印象に残せるような『タイトル』を考えること、自分が伝えたいことをはっきりと言葉にすること、なぜそれが大切だと考えるのか、他の人に伝えたいと考えたのかという理由を示すこと、自分の考えを支える根拠を調べて示すことなどです。さらに、読み手の立場に立って、分かりやすいかどうかを考えてみることも重要です。小学生に向けて伝える場合と、地域の大人に向けて伝える場合とでは、使う言葉や説明の詳しさなどが変わってくる可能性が高いですよね」。

　このようにして、生徒から出された意見のポイントをクラス全体で共有した後、「その他にもいくつか、皆さんに意識してもらいたいなと考えることがあります」と言い、そのポイントに関する説明を続けた。「読み手が考えていなかったと思われるポイントや、驚いたり疑問に思ったりしそうな点を指摘することも、読み手に印象づけるための工夫の一つです。他にも、図やグラフ、イラストなどを使うことでイメージを伝えやすくしたり、

分かりやすくしたりすることができる場合もあります。こうした工夫は、たとえば新聞や雑誌、パンフレットなどにもたくさん埋め込まれているので、ぜひ、参考にできそうなものを見つけて、自分の作品づくりに生かしてもらいたいなと思います。それでは、皆さんの作品づくりに取りかかってください」。

以上の説明を受けた後、生徒はそれぞれに、総合的な学習の時間に学んできたこともふりかえりながら、使いたい写真やそのタイトル、説明書きなどを練り上げ、各自の作品づくりに取り組んだ。教師は一人ひとりの進捗状況を確認し、必要なアドバイスなども行った。

【実践❸】 お互いの作品を高め合うための相互検討会

2週間後、各自で一通り完成させた作品を生徒たちが持ち寄った。お互いの作品を読み合い、工夫されている点や改善すべき点などを指摘し合って、さらによい作品へと改善していくための相互検討会を行う授業である。相互検討会に先立ち、教師は生徒たちに、ルーブリック（表3-1）が掲載されたワークシートを配布した。そして、「このワークシートには、お互いの作品を検討し合う際に意識してもらいたいポイントと、それぞれのポイントごとに評価をする際の作品のレベルをA・B・Cの3段階に分けるかたちでまとめた表を載せています。見てもらうと分かると思うのですが、これは作品づくりに取り組む前に全員で確認した内容をふまえるとともに、私が他にも意識してもらいたいと考えた内容を加えて作成したものとなっています。ここに示したポイントと、それ以外にも皆さんが大切だと考えるポイントをふまえながら、お互いの作品をよりよいもの、『ことば』の力がより発揮される作品にレベルアップさせるための検討を行う時間にしてもらいたいなと思います」と伝えた。生徒は3人グループになり、ルーブリックの内容と照らし合わせたり、自分が作品づくりの過程で悩んだことや工夫したことなども紹介したりしながら、お互いの作品の検討を進めた。

表3-1　お互いの作品を批評し合う際に意識すべきポイントをまとめたルーブリック

住みやすい社会をつくるための課題や解決方法を発信しよう！
～作品づくりに関するルーブリック～

	情報の質	情報と私（たち）との関わり	情報の示し方	
			使う言葉・情報の詳しさ・情報の見せ方	根拠・論理
A	情報の質を検討したうえで、読者の理解の深化や納得を促す情報や論理を伴うかたちで、情報を示すことができている。	示した情報と私（たち）との関わりについて、具体例や説明などを加えながら、読者にとってイメージしやすいかたちで記述されている。	想定する読者が理解しやすい言葉や情報の詳しさ、見せ方が意識され、印象づけるための工夫もなされている。	明確な根拠や丁寧な論理を示しながら、自身の考えを述べることができている。
B	情報を示すことができているが、その質（信頼できる情報か、偏った情報になっていないか、など）の検討が不十分である。	示した情報と私（たち）との関わりについての記述が見られるが、記述が抽象的で、読者にとってイメージしにくい。	想定する読者が理解しやすい言葉や情報の詳しさ、見せ方が意識されているが、印象づけるための工夫がやや弱い。	自身の考えの根拠や論理を示すことができているが、根拠の曖昧さや論理の飛躍が見られる。
C	住みやすい社会をつくるための課題や解決方法に関する情報を、まったく、あるいはほとんど示すことができていない。	示した情報（課題や解決方法など）と私（たち）との関わりについての記述が、まったく、あるいはほとんど見られない。	想定する読者が理解しやすい言葉や情報の詳しさ、見せ方に関する意識が、ほとんど、あるいはまったく見られない。	自身の考えの根拠や論理を、まったく、あるいはほとんど示すことができていない。

出所：筆者作成。

実践解説 ❶
自他が有する「ものの見方・考え方」に気づく

　私たちは様々な人々の言動や事物、事象などに出会ったとき、無意識のうちに、自身の知識や経験に基づいてそれらの情報を理解し、解釈しようとする。これは情報処理や状況判断を迅速に行うことを助けるものでもあり、否定されるべきものではない。ただし、これは時に、自身の思考の幅を狭めたり、思い込みや偏見を引き起こしたりしてしまうこともある。

【実践❶】で示した1枚の写真（**写真3-1**）についての気づきを共有する学習活動は、「フォト・ランゲージ」と呼ばれる手法を活用したものである。この活動を通して、生徒たちにまず、自身の持つ認識枠組みの存在に気づいてもらうことをねらった。自身の持つ認識枠組みの存在に気づくとともに、それとは異なる他者の認識枠組みの存在にも気づくことによって、様々な人々の言動や事物、事象などを、より広い視野で考察し、より公正かつ適切に判断したり、論理的に考察したりする可能性が広がる（「中学校学習指導要領（平成29年告示）」p.39の3（2）ウ・エ）。そしてこれは、自身を含む様々な人間や社会、自然などについての考えを深めることに役立つだろう（同前、カ）。

　ESDでは、自他の「ものの見方・考え方」に気づくとともに、お互いの「ものの見方・考え方」を尊重しながら、よりよい社会づくりという、「正解」が見つかっていない課題に取り組むことが求められる。本実践事例は、そのための「自己認識の深化」（第2章も参照）をねらった取り組みの一例である。なお、今回は例として「学校に設置されたゴミ箱」の写真を使用した取り組みを挙げたが、扱いたいSDGsの内容と関連づけるかたちで写真を選べば、同様の手法は、様々な教科・領域で、また、様々なテーマに関する学習において活用することが可能である。

実践解説 ❷
教科の要点の学習を通して認識の深化と行動への参画の力量を高める

　ESDでは、問題解決に向けた行動への参画が学習の要点の一つとなる。そして、「学習の成果の発信」に代表される情報提供・情報共有も、そうした行動の一つと捉えられる（第2章も参照）。こうした情報発信には、ポスターや「○○新聞」の作成、スライドなどを用いたプレゼンテーション、スピーチ、劇など様々な方法が考えられるが、いずれの場合においても、「ことば」は重要な役割を果たす。

情報発信に際しては、情報の収集や関連づけ、内容の批判的な検討、客観性や信頼性の確認、取り上げる内容の選択はもちろん、その内容をより効果的に伝えるために、内容の構成や論理展開、より適切な単語や表現の選択などを行うことも重要となる。これらは、学習指導要領に示される国語科の内容のうち、特に〔知識及び技能〕の「情報の扱い方に関する事項」や〔思考力、判断力、表現力等〕の「書くこと」などとの関連も深い。ただし、本章で示した【実践❸】では、本書の第２章で示した「社会認識の深化」「自己認識の深化」「行動への参画」の３つの観点もふまえたルーブリックを作成・活用した。各教科でESDに取り組むにあたり、各教科で育てるべき資質・能力や実践上の要点などをふまえつつ、ESDで重視される教科横断的な力量を高めるための学習活動を展開することも意識したい。

　なお、情報発信に際しては、生徒が情報発信を「させられている」という状況に陥らないようにする必要がある。そのためには、伝えたいと思う内容があること、伝えたいと思う相手がいること、その内容を伝えることの必要性や重要性を理解できていることなども重要となる。これらを保障するために、例えば他の教科・領域での学習活動と関連づけることで、生徒にとって「切実な文脈」を国語科での学習活動につくることも一助となるだろう。【実践❷】の場面の学習活動は、こうした点を意識したものである。

実践解説 ❸
他者と協働することの意義や楽しさを実感する

　【実践❸】に示した「お互いの作品を高め合うための相互検討会」の学習場面は、お互いの作品を検討し合う際に意識してもらいたいポイントとその質を反映させたルーブリックを用いて、お互いの作品を相互評価し、改善を行うことをめざしたものである。このルーブリックは、第２章の**資料2-2**で示したESD全体に関わるルーブリック（「ESDにおける教育目標設定の３観点とそれに基づくルーブリック試案」）の内容を念頭に置きつつ、

国語科の授業における学習活動を通して生徒と教師が確認した内容をふまえたものであり、いわば、クラス全員の知見によってつくられた「共有財産」と言えるものである。

　ESDに限らず、学校での学習活動において他者との意見交換を行ったり協力して課題に取り組んだりする場面は多いと考えられるが、そうした学習活動が「友達と話し合えたのが楽しかった」で終わらないようにすることが重要である。そのためには、学習者が学習上の要点を意識し、それをふまえて意見交換や課題解決に取り組めるようにすることが肝要となる。この点に関して、ルーブリックは、学習上の要点の意識化と共有のためのツールとしての役割を果たす。【実践❸】では、ルーブリックの活用により、「思いつき」「印象」「感覚」のみに頼らず、学習上の要点をふまえた議論や協働を促すことによって、自他の力量の向上やよりよい問題解決の実現につなげることをねらったのである。

　こうした取り組みは、生徒の学力保障を実現するための手立てなる。また、こうした学習活動を通して、他者との協働には自他の力量の向上やよりよい問題解決につながるという意義があることを実感したり、そうした経験を通して他者と協働することの楽しさを実感したりすることは、よりよい社会づくりに向けた学校外での様々な問題解決の場面にも生きてくるだろう。さらに、こうした取り組みを重ねることで生徒の自己評価能力を高めることは、学校卒業後も、生涯学習者として、市民として、成長し続けるための基盤になると考えられる。

（木村　裕）

参考文献

・開発教育協会編『開発教育実践ハンドブック ─ 参加型学習で世界を感じる［改訂版］』開発教育協会、2012年。
・木村裕「持続可能な社会の実現を目指すオーストラリアの学校教育 ─『持続可能性のための教育』の取り組み」木村裕、竹川慎哉編著『子どもの幸せを実現する学力と学校 ─ オーストラリア・ニュージーランド・カナダ・韓国・中国の「新たな学力」への対応から考える』学事出版、2019年、pp.29-51。

第4章

コンビニを通して「よりよい社会」を考える 社会 の授業

本章のねらい

「中学校学習指導要領（平成29年告示）」では、社会（公民的分野）について「私たちがよりよい社会を築いていくために解決すべき課題を多面的・多角的に考察、構想し、自分の考えを説明、論述すること。」（p.60）とある。また、社会科では従来から、様々な社会的事象を取り上げ、その現状についての理解をもとにして論争的な課題に取り組む実践も多く展開されてきた。こうした記述や取り組みには、ESDの精神と重なる部分も多い。

本章では、今や公共インフラとなり、生徒にとって身近な存在でもあるコンビニエンスストア（以下、コンビニ）を取り上げ、「コンビニの現状に対する判断・評価 → 課題解決をめざした将来構想→社会に対する働きかけ・提案」という流れで構想した授業を紹介する。

【実践 ❶】
コンビニのよい面、よくない面は？

　校区内にあるコンビニ名を確かめたうえで、「自分や家族がしたことや誰かから聞いたことでもよいのですが、買い物以外にコンビニでできることには何があるかな」と問いかける。生徒からは「塾に行く前にトイレを借りたことがある」「この前、お父さんが自動車税を振り込んだと言っていた」「お母さんと買い物に出かけたときに、コンビニのATMで預金を引き出していました」「兄に頼まれて、大学から送ってきた宅配便の荷物を取りに行きました」などの声が返ってくる。他にも、映画やコンサートの前売券を手に入れた、住民票を受け取ることもできると指摘する生徒もいた。それを受け、「今やコンビニは小売業の域を超え、多様な機能をもった重要な公共インフラとなっているんですね」とまとめる。

　次に、24時間営業のコンビニが自宅近くにあってよいと思う面、よくないと思う面を考えてみる。その際、「どのような人」の「どんな時」なのかを意識するよう呼びかける。

〈よい面〉

生徒Ａ：休日の部活動の練習試合で朝早くに駅に集合というような場合、お弁当をつくってもらえないので、昼食を買うことができる。

生徒Ｂ：深夜まで働いている人にとっては、いつでも食べ物を買うことができ、便利だ。

生徒Ｃ：外国の方が働いていて、日本で働きたい外国人の受け皿になっている。

生徒Ｄ：深夜でも照明がついているので、ストーカー被害などの抑止になる。

〈よくない面〉

生徒Ａ：深夜早朝はお客さんも少なそうだし、電気代の無駄だ。

生徒Ｂ：スーパーのように賞味期限直前になっても、値引き販売をしないので、多くの食品が捨てられている。

生徒Ｃ：配送車の運転手も含めて深夜に働いている人がたいへん。深夜に駐車場で騒ぐなどの迷惑行為があったり強盗に襲われたりするかもしれない。

生徒Ａ：人手不足で、アルバイト店員が休むとオーナーがその穴埋めをしている。

次にSDGsの17のゴールを提示し、生徒からの意見とこれらのゴールとがどのように結び付けられそうかと問いかける。生徒から、買い物に便利というのは「11. 住み続けられるまちづくりを」で、外国人労働者の受け皿になっているのは「8. 働きがいも経済成長も」や「10. 人や国の不平等をなくそう」でよい面に、逆に食品ロスの問題は「12.つくる責任つかう責任」で、深夜早朝営業による消費電力の増加は「13. 気候変動に具体的な対策を」で、深夜労働の問題は「8. 働きがいも経済成長も」でよくない面に分類できそうだと声が挙がる。

その中で、例えば「8. 働きがいも経済成長も」に関してはよい面とよくない面の双方で指摘があり、単純に分類できないことも生徒は発見していく。これらの意見交流を受け、教師から「課題を一つずつクリアし、今後コンビニはどうあるべきかについて話し合いを深めていくことが大切になってくる。そのことを次の時間に学習してみよう」とまとめる。

【実践 ❷】 コンビニの将来について考えよう

前時の復習として、コンビニは買い物以外にもトイレの使用や防犯、公共料金や税金の支払いなどのサービスを提供する役割を担っており、地域住民の生活にとって欠くことのできない公共インフラになっている一方で、深夜早朝営業に伴う消費電力の問題、それと関連した店員の確保、働き方と生活様式、防犯機能の問題、さらに食品ロスや過疎地域への出店など、解決すべき課題も多いことを確認する。

そのうえで、本時のテーマとして「深夜早朝営業を伴う24時間営業という点を切り口に、現在果たしている役割を担いつつ、コンビニの将来をどのように変えていけばいいのか」を提示し、生徒と話し合っていく。

教　師：消費電力の削減、人手不足の解消と働き方・生活様式の見直し、防犯の問題に絞り、コンビニをどのように変えていけばよいのか、みんなで考えてみよう。

生徒Ａ：昔は深夜早朝営業の店がなくても生活できていたから、現代でも私たちが工夫すれば24時間営業は要らないと思う。

生徒Ｂ：深夜の利用者は少ないから、深夜早朝営業を行うコンビニの数を減らしたらよいと思う。

生徒Ｃ：利用者が多いコンビニだけが深夜早朝も営業すればよいと思うな。

生徒Ｄ：定休日を設けたら、どうか。

生徒Ａ：私はこの前の日曜日に急に熱が出て困ったんだけど、診察している医院があって助かったわ。休日は、地域で医院が順番に開業することになっているみたい。

生徒Ｂ：コンビニも、そういう分担をすれば、うまくいくんじゃないかな。どの店も公平に営業時間を短くするように話し合えば、どうかな。

教　師：そうなると、地域一帯で営業する店舗が減り、消費電力も削減できるし、深夜の時間帯の働き手不足も少しは解消しそうですね。他に意見はありませんか。

生徒Ｅ：地域一帯で夕方７持には家族全員が揃い家でくつろぎ、その日は早く寝る日にすれば、コンビニもお客さんが来ないので、営業時間を短縮できるのではないか。初めは年に数日だけでも実施し、だんだん日数を増やしていけばよい。

生徒Ａ：交番をなくしコンビニの店内に警察官が巡回し常駐することで、防犯の機能も果たせるし、利用者は安心して買い物ができ、店員も仕事ができるようになる。

生徒Ｃ：コンビニ以外に24時間営業をしているスーパーや外食チェーン店についても規制していかないと、コンビニ限定ではオーナー（店長）も納得しないと思う。

　このように生徒はコンビニだけの問題に限定せずに、地域住民の生活様式の変更にまで考えを広め、意見を述べていく。その後、これまでの話し合いをふまえ、地域一帯にあるコンビニおよび地域に対して提案する具体的な解決策を次の３点にまとめる。

① コンビニ間で協議して、消費電力を削減し、働き手不足や働く人の負担を解消するため、休日・深夜における病院輪番制のように深夜早朝営業を行う店舗を限定する。

② 期日を決め、午後7時以降は外出をしない「家族団らんの日」を設定し、コンビニをはじめ他の小売店や飲食店、工場、役所などがその日の営業（操業）を早く終える（①の提案とも関連するが、早朝深夜に働く人の負担を軽減することができる）。

③ 深夜に駐車場で騒ぐなどの迷惑行為や強盗などの犯罪を未然に防ぐために、コンビニ内に交番を併設し、警察官がいくつかのコンビニを巡回し常駐する。

　教師は、「私たちはコンビニのオーナー（店長）ではありません。私たちが見落としている見方があるかもしれないし、逆に私たちだからこそ見えるものがあるかもしれません。だから、次はこれらの意見をオーナー（店長）に提案する時間にするよ」と締めくくる。

【実践 ❸】
関係者へのコンビニの将来像の提案と意見交換

　その後、オーナー（店長）などの関係者を学校に招き、前述した具体的な解決策を提案する授業を設定する。そして、事前に提案や司会の分担、課題別のグループ分けなどを行っておく。

教　師：生徒は、買い物をはじめ、コピーやチケットの予約など、いろいろな面でコンビニを利用しています。生徒が考えた地域のコンビニで実施できそうなことを提案します。オーナー（店長）の立場から率直な意見をお聞かせください。

店　長：日頃はコンビニを利用していただき、ありがとうございます。皆さんの提案は、地域の方から愛され信頼されるための積極的な提案であると受けとめています。

生徒Ａ：具体的な議論に入ります。まず提案の①［【実践❷】を参照］はどうですか。

店　長：コンビニ本部との協議になりますが、全国一律の24時間営業は無理があり、地域ごとに輪番制で深夜早朝営業を行う店舗を決めるというのは大賛成です。ただし、働き手の負担と働き手の確保、消費電力の削減ではそれぞれ事情がちがうので、どう見直していくかは協議が必要ですね。

生徒Ｂ：それぞれ、どんな事情なんですか？

店　長：例えば24時間営業を止めれば働き手の負担は確実に減りますよね。でも都市部では、昼間は学校で学び、夜の希望する時間帯に働いて収入を得ることができるので、外国人留学生にとっては貴重な収入源になっているのも事実です。また消費電力については、

営業しない時間帯でも冷蔵冷凍・加熱保温設備はとめられないので、期待するほどの削
　　減効果はないと思います。

生徒C：そっか、アイスクリーム溶けちゃうもんな。

生徒D：提案の②については、どうですか。

店　長：考えたこともないアイデアで、すごくおもしろいですね。コロナ禍のもとで緊急事態宣
　　言中は国や県の要請に基づき、飲食店などが休業や時間短縮営業を実施していましたの
　　で、不可能ではないと思いますが、コンビニ業界だけでなく、多くの人を巻き込まなけ
　　ればいけないので、なかなか難しいですね。

生徒E：夜しか営業していない店舗の協力を得るのはたいへんだろうな。

生徒F：提案しようと思ってたけど、そうすると、提案の③も実現は難しそうですね。

店　長：これも考えたこともなかったので、皆さんと一緒に考えていきたいと思います。警察官
　　が時折立ち寄るならともかく、常駐するとなるとハードルはかなり高そうです。他の小
　　売店とのバランスも考慮しないといけないですし。提案の②と③は、市役所の担当職員
　　に相談するのがよいと思います。

生徒G：コンビニのことばかり考えていたけど、コンビニだけで済む問題じゃないのか。

教　師：いいところに気がついたね。私たちはもっと大きな視野で、いろんな角度から考えなけ
　　ればいけなかったんだね。私も勉強になるよ。

　また、オーナー（店長）には、コンビニの将来像として、「時短営業（深夜休業）を行う
店舗が増えてきている」「実証実験として、AI・IoT技術を活用した省人・無人店舗がス
タートしている。将来的には自動運転のトラックで商品を配送し、ロボットが品出しする
ことによって店員の数を減らせるようになる可能性もある」など、コンビニ側の努力や対
応も伝えてもらう。

　生徒はオーナー（店長）と話し合ったことで、コンビニの将来像を考える場合、オー
ナー（店長）だけではなくコンビニ本部、さらには監督官庁である国や県・市の担当課に
働きかけることも必要になってくることを理解した様子であった。最後に、教師は、「社
会は見えないところでつながっていて、そこには見えないところで努力している人たちが
いるんだね。私たちはもっと広い視野に立ち、社会の動きをしっかりと見ていかなければ
いけないんだね。それは、私も皆さんと同じなんだ」とまとめた。

コンビニの現状を評価する基準として SDGsの17のゴールを用いる

　コンビニは、2021年3月末現在で、全国におよそ5万8千店あり、3千点以上の品揃え
で、年間売上高は10兆円を超える。コンビニは誰しも利用したことがある最も身近な小
売店である。

　この実践では、コンビニに焦点をあて、「コンビニの現状に対する判断・評価→課題解
決をめざした将来構想→社会に対する働きかけ・提案」という流れで授業を組み立てた。

　【実践❶】（本単元の1時間目の授業）では、時代のニーズに合わせて変化し続けている
コンビニが果たしている積極的な役割と直面している課題に対して、生徒がSDGsの17
のゴールに照らして考察・評価していく。多くのコンビニが行っている24時間営業の問
題をとってみても、深夜早朝勤務者のニーズと消費電力の問題、深夜早朝の働き手不足と
働き方改革、深夜早朝の防犯的な機能の維持など、様々な面で単純に「よい」「よくない」
を判断できないものである。生徒が感覚的にコンビニの現状を評価することを避けるため
にも、こうした点に気付かせることを意識したい。

　そこで、生徒が既有の知識や見聞、体験だけに頼らずに各種資料を取り寄せ、コンビニ
の現状をSDGsの17のゴールに沿って判断・評価していくことにした。判断・評価を行
うためには、まず、SDGsの17のゴールを読み込み、その意図するところを理解すること
が求められる。同時に、SDGsの17のゴールは相互に関連しており、「よりよい社会」を
めざした複合的・包括的な取り組みによって解決が図られ、達成されていくことに気づか
せたい。コンビニが直面している課題は、スーパーマーケットや外食チェーン店をはじめ
多くの事業所が直面しているものでもある。そのため、地域でどうするのか、日本では何
ができるのか、小売業のあり方と関連づけて自身の行動や生活様式の問題として考えられ
るように学習を深めていきたい。

SDGsの理念をふまえて改善の方向性を探る

　ESDでは、よりよい社会の担い手の育成を目標としている。コンビニは小売業にとどまらず、公共料金や税金の納付、各種証明書の発行などにまでサービスを拡充してきており、多様な機能を持つに至っている。そして、コンビニ業界では、24時間営業の是非、本部とオーナー（店長）との関係、食品ロスなどの問題が山積する一方で、過疎地域における移動販売や自販機コンビニ、導入が進められている宅配サービスによる高齢者の見守り、医薬品（市販薬）の販売、キャッシュレス決済など、すでに将来を見通した取り組みも始めている。

　こうした現状をふまえたうえで、コンビニのよりよい将来像を構想することは、自身の行動変容を含めてよりよい社会を展望する一助となると考えた。もちろん、将来像を構想すると言っても、生徒や教師も含めて、コンビニ利用者の誰もがその「正解」を持ち合わせていないであろう。だからこそ、教師と生徒、生徒同士の活発な討論、家族を含む近隣住民への聴き取り、資料の収集と吟味が重要となってくる。「教師もまた正解を持たない社会の一員として、生徒とともに社会の担い手となる」ことが、ESDにとって重要な姿勢になると考えている。

　【実践❷】では、24時間営業に焦点をあて、それに付随した消費電力の削減、人手不足の解消と働き方・生活様式の見直し、防犯の問題に絞って話し合いを進めた。しかしながら、先述したようにコンビニが直面している社会的な課題は、生産現場・流通機構や公共サービスなどと連動し、相互依存の関係にある。そのため、課題の解決に向かうためには、地域福祉、AI・IoT技術の活用など、より幅広く多岐に渡る視点から検討を行うことが必要となる。そのため、話し合いの切り口を狭めずに幅広くコンビニが持つ課題を出し合う中で、生徒間の討論により焦点を絞り、その解決策を考察するといった展開も考えられる。

実践解説 ❸
学校（教室）内で完結せず、多様な人々との協働を進める

　ESDは、「よりよい社会」に向けて多様な人々が協働して取り組むことをめざした教育活動であり、学校（教室）内で完結するものではない。【実践❸】では、コンビニおよび地域社会に対して、生徒が自分たちで考え、提案する具体的な解決策について、オーナー（店長）に意見を求め、実現可能性を確かめている。オーナー（店長）を招いて話し合ったことにより、経営者の立場から解決策の②と③は現時点では実行は難しいと冷静に判断された。このような学習活動は、ESDの学習上の要点を意識した点の一つである。

　オーナー（店長）は生徒に対して、自分だけでは判断できない提案であるため、市役所の担当職員と協議することに言及している。解決策の実現方法を「お願いベース」で終わらせず、行政による指導や規制にまで広げていく。もちろん市と協議すれば、実現がますます難しいことが判明する場合もあるだろう。その場合でも、生徒がより多くの他者との協議や協働を通じてよりよい解決策をめざして取り組むように教師が支援していくことが必要である。

　ESDを充実させるうえで、学校と地域の事業所や自治体などとの連携は大きな役割を果たす。そして、連携に際しては、単にゲストとして関係者を学校に招くだけではなく、授業の構成や進め方を充分に共通理解することが重要である。また、地域一帯の学校間で協力して授業プランや教材を作成し、それらを活用した実践を持ち寄り、授業づくりを推進していくことができれば、それもまた大きな力となるだろう。

　なお、こうした連携にあたって、教師にはコーディネーターとしての役割が求められる。教師は普段から地域（校区）を歩いて地域住民と交流を深めるとともに、各種団体等が発信する情報をキャッチできるようにアンテナを広げておくことが重要である。

（奥村信夫）

参考文献
・梅澤聡『コンビニチェーン進化史』イースト新書、2020年。
・渡辺広明『コンビニが日本から消えたなら』ベストセラーズ、2020年。
・平木恭一『最新コンビニ業界の動向とカラクリがよ～くわかる本［第4版］』秀和システム、2020年。

コラム④ ESDの観点から考える、歴史を学ぶことの意義

　「歴史って、どうして勉強しなくてはいけないの？」「過去の人物の名前や事件を覚えて、何の役に立つの？」——こうした学習者たちの声は珍しくない。多くの歴史の研究者や教育者たちが、この問いに答えてきた。だが、筆者はまだ、完全に腑に落ちる回答には出会っていない。

　筆者は自身が授業を行うにあたって、授業時間だけではなく、普段からできるだけ学習者とのコミュニケーションをとることを大切にしている。これにより、学習者が自分自身の考えや意見を表明してもよいという「環境」をつくろうとしてきた。

　ある歴史の授業の中で、歴史を学ぶ意義について学習者にたずねたことがある。この中で、ある学習者からハッとさせられるメッセージをもらった。その内容は概ね以下のようなものである。

　「人間には『暗い、黒い、汚い』部分が沢山あり、こうした面は目に付きやすい。だが、いろいろなことを考え知ることは、人類の好きになれる一面探しになる、とも思っている。歴史の先人からも、生きていく術を学びたい」。

　なるほど、歴史の学びの中にも「暗い、黒い、汚い」内容が少なくない。戦争の加害と被害、植民地における被支配者への不当な扱いや搾取、社会的弱者や少数者たちへの暴力や差別など、そんな歴史ばかりを扱われると、学習者の側も気が滅入ってしまうこともあるだろう。個人の自己肯定感の低さも指摘され、将来に期待・希望が持ちにくい昨今、さらに学習者を暗い気持ちにさせかねない。特に社会問題への意識が高い教師は、こうした「暗い、黒い、汚い」内容を強調しがちではないだろうか（少なくとも筆者自身は自戒したい）。

　しかし、このメッセージでは、そんな歴史に絶望するのではなく「人類の好きになれる一面」を探し、希望を見出そうという姿勢が大事だという。そして、こうした眼差しで歴史を学ぶことは、持続可能な社会を構築するうえで必要なことではないか、と気付かされた。歴史の中には、その後の社会をよりよいものにしようと取り組んだ人物や動きがあった。もちろん、前向きな取り組みや動きにも限界や批判点は存在する。だが、こうした「人類の好きになれる一面」は、今を生きるわれわれが、未来への希望を構築するうえで、必要なことではないだろうか。筆者は、ESD的な歴史の授業づくりに、この「人類の好きになれる一面探し」という観点を活かしたい、と考えて模索している。読者や学習者の方々と共に、ESDの授業づくりを考え続けたい。

（木下光弘）

第5章 SDGsの視点をもった 数学 「データの活用」領域の授業

本章のねらい

　現行の「学習指導要領（平成29年告示）」では、中学校数学科の「データの活用」領域において、統計的なデータと確率をより系統的に各学年で学習することになった。特に、第1学年で累積度数、第2学年で四分位範囲と箱ひげ図を新たに学習することになり、「資料の活用」から「データの活用」に名称を改め、領域の構成の一つとなったことは大きな変更であった。また、学習指導要領では、「主体的・対話的で深い学び」の実現が求められるようになり、「学びに向かう力・人間性等 ── どのように社会・世界と関わり、よりよい人生を送るか」という目標に関する実践が、数学科においても求められるようになった。本章では、SDGsの視点を取り入れた「データの活用」領域の授業の進め方について述べていきたい。

　ある日、生徒Aと生徒Bは、担任の教師に次のような質問をした。

生徒Ａ：この前ネットで、地球は実は温暖化していないという記事を見たんだけど、先生は地
　　　　球って温暖化していると思いますか？

教　師：そうだね。私も実はよくわからないなぁ。

生徒Ｂ：先生もわからないのかぁ。

教　師：調べてみてほしいな。

生徒Ａ：どうやって調べるのかわからないです。

生徒Ｂ：調べてみたいけど、どうしたらいいのかな？

教　師：では、気温の変化について、この前の数学の授業で習ったことを使ってまとめてみよう。

　そこで、次の数学の授業で「この前、Aさんに地球は温暖化しているのか聞かれたのだ
けど、先生もわからなかったからみんなに調べてみてほしい」と切り出し、生徒が暮らす
都市の気温についてまとめられた表5-1を示した。そして次に、この表を基にして、既
習の箱ひげ図にまとめるようにと指示をした。生徒は、「第1四分位数は、箱のどこの部
分だったかな？」「ひげの部分が最大値と最小値でよかったかな？」などと話しながら、
表5-1に示された数値をもとに、図5-1のような箱ひげ図を作成していく。続いて教師
は、作成した図5-1をもとに、地球は温暖化しているのかについて、理由もあわせて自分
の考えをまとめさせる。

　その後、学級全体や班活動で箱ひげ図同士を比較し合い、自らの考えを話し合う活動を
設ける。その際、生徒には、根拠（理由）と結論（考え）を述べるようにすることを強調す
る。話し合い活動では、箱ひげ図の読み取り方について多様な意見が出てくる。例えば、
「最大値はだんだんと高くなっているから地球は温暖化している」と述べる生徒もいれば、
「箱ひげ図の位置を見ると、上がったり下がったりしているのでわからない」と述べる生
徒もいる。教師は、生徒たちの意見をふまえながら、「同じデータを見ても、いろいろな

表5-1　ある市の8月の最高気温

	1960年	1980年	2000年	2020年
最大値	33.0	33.5	36.7	39.5
第3四分位数	30.1	32.9	31.6	34.5
中央値	29.2	31.7	29.2	32.5
第1四分位数	27.2	30.7	27.0	31.2
最小値	25.0	23.6	22.3	25.0

出所：『未来へひろがる数学1・2移行用補助教材』啓林館、2019年、気象庁「過去の気象データ検索」を参照して、筆者作成。

図5-1　表5-1を基にした箱ひげ図

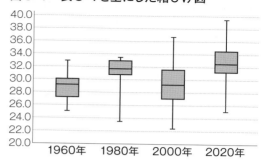

出所：筆者作成。

解釈が出てきますね。意見交換を行うことで、お互いの見方や考え方が広がってくると思います。そして、数学の学習では、こうした意見交換の際に、お互いの見方や考え方を広げるだけでなく、例えば今回であれば地球温暖化という問題に関して、データを用いて論理的に表現できるようになっていってもらいたいと考えています」と伝えた。

【実践❷】
マイクロプラスティックと標本調査（第3学年）

　ある日、生徒Aは、担任の教師に次のような質問をした。

生徒A：私は、総合的な学習の時間で調べていて、マイクロプラスティックのことが気になりました。これって近くの海岸にもありますか？

生徒B：えっ？マイクロプラスティックって何？

生徒A：細かいプラスティックの破片のことだよ。それを海の中で魚や生き物が飲み込んでしまい、問題になっているんだって。

生徒B：私、海には行くけど、そんなの見たことない。空き缶とかのゴミはあるけど。先生、本当にAさんのいうマイクロプラスティックってあるのですか？

教　師：う〜ん。あるにはあるだろうけれど、どれくらいあるのか、私もわからないなぁ。では、実際に調査をしてみるのはどうかな。

そこで、次の数学の授業で、「Aさんから質問を受けたのだけど、みんなはマイクロプラスティックって知っているかな」と問いかけながら、実際にマイクロプラスティックについて調査してみたいという生徒の意識を高めて導入とする。そして、実際に調査に行く前に、調査に行く場所や標本の大きさなどについて話し合わせた。その際には、グループ活動にして、それぞれの班ごとに収集する場所や標本の大きさに違いを設けておく。これは、後の話し合い活動を充実させるためである。

後日、砂浜に行き、砂浜に含まれるマイクロプラスティックの数を標本調査する。具体的には、資料5-1のような手順で、砂浜の砂を採集し、マイクロプラスティックを採集した。マイクロプラスティックの採集方法にはいろいろなものがあるが、海中にあるものの採集は難しいため、砂浜に漂着しているものを対象とした（写真5-1）。

生徒たちは、お互いに相談をしながら、資料に示したかたちで、調査を進めていった。

その後、採集した砂を標本として、砂浜全体に漂着しているマイクロプラスティックの個数を推定する。そして、個人やグループで活動して得られた標本のデータを基にして、コンピュータにデータを入力して整理したり、どのような推定になったのかを

写真5-1　調査活動の様子と見つかったマイクロプラスティック

出所：筆者撮影。

資料5-1　マイクロプラスティックを標本採集する手順

① 砂の採集の量を決める

　（例：縦横25cm×25cm×深さ1cm）

② 採集場所（標本の大きさ）を決める

③ 無作為に砂を採取する

④ マイクロプラスティックの個数を調べる

⑤ ④で得られたデータを標本として全体の傾向を予想する

出所：日本科学未来館コミュニケーターブログを参照して、筆者作成。

発表し合ったりした。こうした活動を通して、個々の生徒が調査結果を整理するとともに、お互いの調査結果や考察を学級や学年全体で共有できるようにすることによって、調査結果の精緻化や考察の深化をねらったのである。

【実践 ❸】
数学の授業から具体的な行動を考える（第3学年）

【実践❷】の後の授業で、教師は次のように話をした。

> 教　師：この前の授業でみんなが推定したマイクロプラスティックの数についてだけど、いくつかのグループで違いがあった。それはどうしてだと思う？
> 生徒B：標本調査だから違うのは仕方ないと思います。
> 生徒A：マイクロプラスティックの多い場所を標本として選んでいるのではないですか。
> 教　師：そうかもしれない。もしマイクロプラスティックの多い場所がわかれば、来年度の海岸清掃に活かして海岸のマイクロプラスティックの数を減らせると思うのだけど、みんなで考えてくれないかな。

そこで、生徒は、【実践❷】でまとめた各グループの標本調査の結果を再度見直し、マイクロプラスティックが多いと推定できる場所を考えた。そして、理由も添えて、自分の考えをレポートにまとめた。その後、そのレポートを基にグループや学級全体で発表し合う活動を行う。活動の中では、波打ち際と砂浜の陸地側で再度標本調査の結果を集計し直し、波打ち際よりも砂浜の陸地側に多くのマイクロプラスティックがあることを見つけたり、岩や草が多くある場所に、マイクロプラスティックが堆積しやすいことを見つけたりする生徒の様子が見られた。

以上のような数学での学習活動の後、特別活動の時間を活用して、次年度の海岸清掃で重点的に清掃する場所に関する提案をまとめた。さらに、各クラスでの提案内容が生徒会に届けられ、生徒会での議論を経て、3学年からの提案というかたちで、後輩や地域の方

に伝えられた。このようにして、数学の授業で学んだことを日常生活の場面で具体的に活かし、よりよい地域づくりの活動へと展開していったのである。

実践解説 ❶ データを活用して気候変動を考える

　地球温暖化は、社会全体の問題として広く知られており、生徒も興味関心をもちやすいと考える。【実践❶】では生徒との会話の中から出てきた疑問に答えるように、数学の授業の中で発問し、授業の導入としている。すべての単元で実施することは難しいが、生徒が日常生活の中で感じた疑問を、数学を使って考えることができるという経験を積み重ねていけるように、問題設定を工夫している。生徒がより身近な問題として捉えることが、生徒の学びに向かう姿勢を育むと考えるためである。

　【実践❶】の授業の中では、気温の変動のデータをまとめ、地球は温暖化しているのかという問いに根拠（理由）と結論（考え）をまとめ、話し合うようにしている。「中学校学習指導要領（平成29年告示）解説　数学編」において、「数学を活用して事象を論理的に考察する力は、様々な事象を数理的に捉え、数学的に表現・処理し、問題を解決し、解決過程を振り返り得られた結果の意味を考察する過程を遂行することを通して養われていく。」（pp.26-27）と述べられているように、これらの活動がデータの活用だけでなく、生徒の論理的に考察する力を高めていくと考える。ただ、ここで忘れてはならないのは、これはあくまで「数学」の実践であるという点である。身近な問題を取り上げるとともに、それを通してSDGsについても意識はさせたいが、数学的に比較することができるようなデータにしておく必要がある。いろいろな数値に着目し、生徒の話し合いが充実するようにしたい。そのため、提示する気温は、表5-1のように、授業者が多少工夫したものの方が望ましいと考える。そのうえで、箱ひげ図の読み取りや様々な生徒の意見に着目して、気候変動に関する生徒の考えを深められるように導きたい。最大値に着目する生徒もいれば、中

央値に着目する生徒もいるなど、生徒によって着眼点が異なり、様々な意見が出ることが予想される。そのため、生徒が自分の意見を自身の言葉で書いたり、述べたりできるような力をつけていくことが期待できる。また、他者の意見に対して自分の考えを述べたり、資料からわかること、わからないことを考えたりするような批判的な思考を促す活動にもつながると考える。

さらに、データを集められるようなら、生徒の生活圏内にある川や海の水温などに題材を変えたり、データの収集・処理にコンピュータを活用したりすることもでき、実践の汎用性もあると考える。

実践解説 ❷
標本調査を通してマイクロプラスティックの問題について考える

中学校第3学年の単元「標本調査とデータの活用」では、全数調査と標本調査の違いや無作為に抽出する方法などを学習していく。この単元の最後に、データを活用して問題を解決するという内容がある。ここでは、標本調査におけるデータの集め方（集める方法や集める対象）や標本調査の結果から推定されることに着目し、その方法について理解すると同時に実際に簡単な場合について標本調査を行い、身のまわりの問題を解決していく態度を身につけさせることが期待される。

【実践❷】は、標本調査を行う中で、マイクロプラスティックの問題について考える授業になっている。実践に際して気をつけたいこととして、身のまわりの問題を教材にする場合に、学習させたい内容を網羅しているのか、教材としての価値を見極めて実践する必要がある点が挙げられる。マイクロプラスティックの調査は、全数調査では不可能であり、標本調査について扱うための教材に適していると考える。標本調査は、全数調査を行うことが現実的でない場合や不都合な場合に用いられる調査であり、砂浜のマイクロプラスティックの調査はまさに、標本調査で行うべきものである。

ただし、単元を通して、この教材だけでは不十分な点もあると考える。生徒は、標本を「無作為に抽出する」ことを学習しなければならないが、教科書で紹介されている抽出方法は、乱数さいや表計算ソフト、乱数表を利用するものになっている。これらは、砂浜の砂を抽出する方法としては適さないと考える。どのようにして砂を無作為に抽出するかという点を生徒に考えさせたり、砂浜を無作為に抽出する方法として、地図上に番号を振り、乱数さい等で抽出したりすることもできると考えるが、「無作為に抽出する」方法の学習内容とは分けて考えるように指導したい。

　【実践❷】はまた、協同学習を進めることに適した教材となっている。調査活動では、必然的にグループ活動が求められる。そして、調査をするためには、それぞれが役割をもって活動することが求められ、数学科の授業では行いにくい部分を補完できると考える。また、調査場所を決めたり、標本の大きさを相談したりする活動を通して、生徒はより主体的に学習に取り組んでいくことが期待できる。

実践解説 ❸
調査結果を基に具体的な行動へ

　【実践❸】では、【実践❷】の結果を基にして、具体的な行動に活かせるように、分析を深めるように展開している。既習事項から判断すると、標本調査は正確なものではなく、違いがあることは当然と捉えている生徒が多いと予想できるが、そこに一歩踏み込んで、得られたデータを基にマイクロプラスチックが多くある場所を推定して各自でレポートにまとめる活動にしている。レポートを作成することで、生徒の思考を可視化し、それらをパフォーマンス課題として評価にも利用したい。

　また、本実践では、各自の考えを基に話し合い、翌年度の清掃活動に活かせるように進めている。翌年度の海岸清掃活動に活かそうと主体的に学習に取り組みながら、標本調査の結果を自分なりの視点で推定しようと活動することが予想できる。「中学校学習指導要

領（平成29年告示）解説　数学編」では、数学的活動の一つとして「数学的な表現を用いて論理的に説明し伝え合う活動」（p.161）が挙げられている。【実践❸】においても、実践解説①でも述べたような数学を活用して事象を論理的に考察する力の育成に寄与することが考えられる。

　【実践❶〜❸】は、環境に関するデータを活用した数学の授業実践である。これらのデータを生徒の生活と結びつけ、また、継続的に取り上げることで、生徒の環境への意識やSDGsへの意識を高めたい。特に、【実践❸】では、数学的な学びの充実だけでなく、総合的な学習の時間や特別活動などと結びつけた教科横断的な展開もできるだろう。標本調査を学ぶだけでなく、今後の清掃活動の改善につなげることができ、学校や地域にとってより有意義な活動にすることができると考える。こうした実践が学習指導要領の求める「社会に開かれた教育課程」になり、問題解決につながる新たな価値観や行動等の変容をもたらし、持続可能な社会を実現させていく教育活動になるのではないかと考える。

（福田勝顕）

参考文献

・国立教育政策研究所『国研ライブラリー資質・能力［理論編］』東洋館出版社、2016年。
・『日本科学未来館科学コミュニケーターブログ「夏だ！海だ！マイクロプラスチックだ！」』（https://blog.miraikan.jst.go.jp/articles/20190809post-55.html：2022年3月30日確認）。
・西岡加名恵・永井正人・前野正博・田中容子『パフォーマンス評価で生徒の「資質・能力」を育てる―学ぶ力を育てる新たな授業とカリキュラム―』学事出版、2017年。
・気象庁『過去の気象データ検索』（https://www.data.jma.go.jp/obd/stats/etrn/：2022年8月22日確認）。

ESDを通した「社会に開かれた教育課程」の実現と学校の役割

　これまでの学校教育において、学校と社会との連携や協働は、ゲストスピーカーによる講話や学校外の人々へのインタビュー、社会見学や体験学習など、生徒の学習を充実させるために学校外の人やモノなどを活用するというかたちが多かったのではないだろうか。ここでは、こうした連携や協働のあり方に加えて、学校を「よりよい社会づくりの拠点」として位置づけ、教師の専門性を積極的に生かしながら社会との連携や協働を図るというあり方も考えたい。

　ESDでは、よりよい社会づくりの実現に取り組むことのできる人間の育成がめざされている。そしてそこでは、よりよい社会のあり方やその実現方法など、誰も「正解」を知らない問いに取り組むことが求められる。したがって、生徒が、教師や学校外の人々とアイディアを共有したり議論を行ったりしながら共に学び合い、探究できるような学習活動を展開することが必要となる。

　たとえば、自分たちの住む地域の将来像に関する実践について考えてみよう。まずは生徒たちの、「自分たちの地域にこんなものがあればいいな」「こんなよさをもっと広めたい」といった考えをうまく引き出したい。そしてそれが独りよがりの考えに終わらないようにするために、地域づくりに関する多様な立場の人々の取り組みの様子やそれへの想い、地域の伝統、自分たちの地域に対する他地域や他国の人々の認識などをていねいに捉えるためのインタビューやフィールドワーク、資料の収集と読解などを組み込むことが考えられる（社会認識の深化）。さらに、学校のウェブサイトや地域へのお便り、発表会などの機会を設定し、生徒が学習の成果を発信したり大人を巻き込んだ取り組みを提案・実施したりすること（行動への参画）は、社会の一員としての実感や社会づくりに対する自身の力量に関する自覚を促す（自己認識の深化）うえでも有効であろう。学校は、将来を担う生徒たちが成長する場であると共に、生徒たちの願いや柔軟な発想、学校が有する様々な人々や組織などとのネットワークなどに基づいて、そこに関わる大人たちが成長する場にもなり得る。そして、人々が共に成長し、連携したり協働したりすることは、よりよい社会を実現するための重要な原動力となる。2017年・2018年に告示された学習指導要領において、その重要性が示された「社会に開かれた教育課程」の実現は、ESDにおいては必然的に求められるものであり、また、ESDを通して実現しうるものでもあると言えよう。

（木村　裕）

第6章 他教科の内容と結び付き、全体として環境を考える 理科 の授業

本章のねらい

　「中学校学習指導要領（平成29年告示）解説　理科編」では、その改訂の要点として「理科を学ぶことの意義や有用性の実感及び理科への関心を高める観点から、日常生活や社会との関連を重視」（p.10）することが書かれている。理科はSDGsの、特に環境面の学習を推進するためには欠かせない重要教科であるが、従来の科学的な原理や法則を学ぶことを中心とした学習だけではその目的は達成されない。理科という「核」に、どのようにして「人間の活動」という要素を結び付けていくのかを考えることが鍵となるだろう。

　SDGsの環境に関するゴールを達成するには、環境に関する科学的な知識に基づく政策形成が必要となる。ここでは理科の学習内容を中心としながらも、社会科をはじめとする他教科の内容と結び付く実践の可能性を探ってみたい。

【実践 ❶】 エネルギー自給を考える

　「電流の性質とその利用」の授業において、教師はまず、「これまでの授業で、私たちは、次のことを学んできました。一つ目は、コイルと磁石を使った実験から、電磁誘導によって電気が起こることです。そして二つ目は、ダイナモを使った実験から、電磁誘導のスピードを上げれば発電量が増すことです。今日は、これらの内容も思い出しながら、電気を例に、これからのエネルギーについて考えてみましょう。」と話し始める。

　続いて、SDGsのゴール7を提示し、「SDGsに示されている『クリーン』で『みんな』が使えるエネルギー（電気）ってどんなもの？」とたずねる。生徒からは「CO$_2$が出ない」「自然のものを使っている」（クリーン）、「タダ」「安い」「停電しない」（みんな）などが挙がってくる。

　これらの意見を受けながら、次に、「どの発電方法が『クリーン』で『みんな』が使えるのでしょうか。それを今日は調べてみよう」と伝え、電気事業連合会が発行している「SDGs×電気」の資料（冊子とDVD）から、それぞれの発電方法、長所、短所、環境によい点、安い点について学習（図6-1）する。その後、安定供給のためには複数の発電方法の併存（エネルギーミックス）が必要であることを確認したうえで、班になってどれが「クリーン」で「みんな」が使えるかについて順位づけをしていく。

　その時に太陽光発電以外の発電方法は、すべてタービンを回すことによる電磁誘導であることを伝え、そのタービンを何で回すかによって発電の名前が変わることを確認する。これにより、学習内容とこの活動が密接につながっていることへの理解を促すためである。

　また「日本」の他に「まだ電気が来ていない地域」についても順位を考えさせることによって、「地形」「気候」「経済」などの様々な条件によって、エネルギーミックスの割合も変化することを実感できるようにする。これにより、各班では、「雨がほとんど降らない砂漠では太陽光発電が有効だろう」「降水量が多い山岳地帯なら小水力の発電がよいの

ではないか」「石油を購入するだけの経済力があるのなら火力発電は安定供給が可能だと思う」などの意見が出され、そこから、それに関する論議が生まれてくる。

その後、各班から、自分たちの決めた順位とその理由を説明するかたちで発表してもらう。その中で、上述した意見に加えて、「日本は○○という国だから、▲▲の発電は有効である」などの意見も出てくる。こうした意見からは、生徒の当事者意識が増してきたことも感じられる。これらの意見を共有しながら、クラス全体で、エネルギーの問題は「地形」「気候」「経済」などの様々な条件をふまえて検討することが求められるとともに、それをふまえて自分ならどうしたいかを考えることが重要であることを確認した。

図6-1　発電方法、長所、短所、環境によい点、安い点について学習するための資料例

出所：『SDGs×電気』からさまざまな発電方法を紹介するページ (https://fepc.enelearning.jp/shared/download/teaching/SDGs_Electric/students/SDGs_Electric_Student_All.pdf：2022年9月19日確認)、pp.8-9。

【実践 ❷】
誰もが参加できる環境保護への取り組みを学ぶ

「皆さんは今までどんな環境問題を勉強したの？」「温暖化とか砂漠化とか……」「で、自分は環境保護のためにどんなことをしてきたの？」「ポイ捨てしないとかリサイクルとか……」「なるほど。でもそれで間に合うの？」「………」。

生徒が困った顔をするのを見て、教師は話し始める。「もちろん一人ひとりの取り組みは大切です。でも地球規模の問題には地球規模で対応しなければならない。そのためには『自分以外の誰か』と協力する環境保護が必要です。今日はその例を見てみましょう」。

例としてブラジルのジャガー保護の事例を紹介する。その際、以下の3点を説明する。

---

① ジャガーは食物連鎖の頂点にいる動物。すべての生物の数を調べることはできないが、頂点であるジャガーが増えることで食物連鎖の下位動物も増えていることがわかる。このような指標を持つことは大切である。

② 自然はとても大切だが、産業の発展も人の生活には必要。その二者のバランスをどう取るのかがすべての環境問題を考える基本になる。

③ ブラジルは「すべての人の土地の最低20%は自然のままにする」という法律を作り、産業発展と環境保護のバランスを取ろうとしている（規定の制定を最初に行ったのはコスタリカ）。

「今日はその20%を実感してもらおうと思います」と言い、班に分け四角形や三角形などの用紙を渡し20%を緑で塗るように指示する（写真6-1）。各班は数学の公式などを使ってそれぞれに緑を塗っていく。これらの用紙は組み合わせると一つの大きな四角形になるようになっており、貼り合わせてみると20%の場所はバラバラになる。それを確認したのち、「これが今、ブラジルで起こっている環境問題です。何が問

写真6-1　班ごとにつくった「20％の自然」

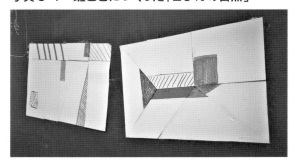

出所：筆者撮影。

題？」と聞く。生徒たちから「自然が小さすぎる」「これじゃたくさんの動物は生きられない」という意見が出る（**写真6-1**の左が、最初につくられた「20％の自然」）。

これは「エッジ効果」と呼ばれる現象で、生物は切れ切れになった自然の中で生態系をつくるため近親交配による弱体化が進む、周辺の土地に出て車に轢かれたり撃たれたりする、などの状況が生まれていることを説明する。「生態系という言葉は聞いたことがあると思うけど、それは大きくなるほど安定します」と言葉を加える。

「ではどうしたらいいの？」と聞けば「森をつなげればいい」という意見はすぐ挙がる。そこで「つなげるためには何をしなければいけないの？」と聞いて考えさせる。「ジャガーを保護する活動は専門家しかできない。でも森をつなげる仕事は、必ずしもジャガーに関する専門家である必要はない。森をつなげるために必要な仕事を思いつくだけ挙げてください」と言って画用紙の切れ端をたくさん用意し、書いたものを黒板に貼らせていく。生徒からは会議の司会、法律の制定、柵の設置、接続部分の植樹、広報活動など、様々な仕事が出る。

最後に「いろんな人々がそれぞれの立場で活躍し、協力することで環境は守られていくんですね」と話し、もう一度画用紙を配って20％をつなげる話し合いをさせる。すると、「おまえ、どこ残す？」「ここにしようかな」「だったらここは残した方がいいよね」などの論議が始まる。そこでは「前向きな政治」が行われていた（**写真6-1**の右が話し合い後の「20％の自然」）。

実践解説 ❶
科学的根拠に基づいて議論をする

SDGsにある「クリーン」で「みんなに」という文言を受け、電気事業連合会はさらに「安定供給」を加えたかたちで今後のエネルギーミックスを考えるための冊子「SDGs×電気」を作成した。それを使って電気の未来を考える活動を行うのが【実践❶】の授業で

ある。

　この冊子は社会科の地理および公民での使用をイメージしてつくられているが、発電の
しくみが図示されており、理科の電磁誘導のしくみを学んだ後に読むと内容が深く理解で
きるものになっている。これを使って科学的根拠に基づく議論を行うことを通して、生徒
に協議の力をつけたい。日本人は情緒面を重んじ科学的な話し合いが得意ではないと言わ
れるが、科学的根拠に基づいて議論をすることは、グローバル化がすすむ社会では必要に
なるものであり、その体験をさせることは重要である。

　また、本授業では日本だけでなく、電気が届いていない地域の発電所建設という課題に
ついても話し合わせている。このことは、世界には10億人とも言われる人々が電気を使
わない生活をしているという現状に触れる機会となるだろう。また、ほとんど雨が降らな
い地域と雨が多く降る地域では選択する発電方法も変わることから、世界の多様性にも触
れることができる。電気は目に見えないため、概念的に理解することが求められることも
少なくない。そのためもあってか、苦手とする生徒は多い。しかしそこに「社会」や「世
界」といった視点を加えることで、生徒の関心を高めることにつながるだろう。さらに電
気の自給自足をめざすオフグリッド電化、マイクロ発電の仕組み、蓄電池の性能、電気を
使わないで生活する人などについての話題をエピソード的に加えてみるのもいい。

実践解説 ❷
環境保護活動にすべての人を参加させる

　【実践❷】の授業は、生態系についての知識を学んだうえで、すべての人が環境保護に
関われることを実感することを目標とした授業である。

　筆者は、従来の環境学習には二つの弱点があると考えている。一つは「問題は大きい
（地球規模）が、対策は小さい（身近な活動）」ことである。一人ひとりの個人的な努力は
もちろん大切だが、問題が地球規模であるにも関わらず、その対策を個人の努力に終着さ

せては、真の解決にはつながりにくい。そこで、本事例ではスケールの大きな環境保護活動に触れさせ、他者との協力によって環境を維持する意識を持たせた。もう一つの弱点とは、環境問題が理科の「専売特許」となる傾向があることである。例えば学校の環境教育担当には、理科の教師が多い。それは、学校もまた、環境＝理科というイメージを持つからだろう。しかしSDGsが求めているのは「すべての人が関わる」ことである。環境問題を理系や自然好きに任せてはならないと思う。

　以上をふまえ、これからの環境学習の方向性として、以下の三つを提案したい。

①　環境と経済、人権、平和とのバランスを意識する。特に、対立するイメージのある経済と環境をどう両立するのかについて考える機会を持つ（対立せず、環境が新しい経済を生み出すような事例があればなおよい）。

②　現在の環境問題は気候変動などの地球規模の問題が中心であり、その解決の舞台は国際的な協議であることを意識するとともに、この問題の解決をめざして、そこに誰もが関われることを知る。

③　「人新世」という言葉があるように、ヒトの活動が地球全体の命運を左右する時代になっている。今や「自然を手つかずのまま残す」という選択肢はあり得ず、どう「手を入れる」のかについて話し合うことが環境保護の前提であることを知る。

　この授業は「森（ジャガー）」から始まり「環境に関わる仕事」で終わっている。そのような進行にすることで「あなたも環境保護に貢献できるんだよ」というメッセージを伝えたい。

実践解説 ❸
他教科との連携を図る

　最後に理科と他教科との連携の可能性について考えてみたい。【実践❶】【実践❷】と

もに、「もはや理科ではない」と感じる方も多いだろう。しかし「本章のねらい」でも取り上げたが、これからの理科は、「中学校学習指導要領（平成29年告示）解説　理科編」に書かれているように「理科を学ぶことの意義や有用性の実感及び理科への関心を高める観点から、日常生活や社会との関連を重視」（p.10）することが必要である。理科の知識やものの見方・考え方を、どう人間の活動と関連させるかを意識した取り組みが、今後、さらに重要となるだろう。

　筆者は、その方向性は二つあると考えている。一つは社会全体や世界全体を意識した内容に取り組むマクロ的な展開である。今回取り上げた実践はともに、その内容になっている。

　気候変動への対応に代表される環境問題の解決に必要なのは、科学的な知識に裏打ちされた、多くの国を巻き込む政策形成であること。すでに「環境政策」や「環境デザイン」などの名のもとに、いくつかの大学では環境を学ぶうえで理系と文系出身の学生が共同で研究をする事例が見られること。この二点を考えると、これからの理科にとって重要なテーマは「理科と何をコラボさせるのか」を考えることである。社会科の視点から環境保護に関する政策の立案や環境に関する国際会議の議題の設定を行う、技術・家庭科や美術科の視点から環境にやさしい建築のデザインや家具の製作に取り組む、環境保護を訴えるための作品の製作を国語科の文章やキャッチコピー、美術科のポスターや立体作品、技術科の動画作成、音楽の作曲などで行う……そのような協働の授業をつくり上げられないだろうか。

　もう一方の方向性とは、今回は取り上げなかったが、自分の生活に置き換えるミクロ的な展開である。例えば電気に関する学習の際に、「どんな電気製品がエネルギーを使うのか（＝電気代がかかるのか）」という視点を与えられないだろうか。電気を熱に変換するには大きなエネルギーがいるという理科の知識は、熱をつくり出す電気製品（電気ストーブ、ポットなど）の消費電力は大きい（＝電気代は高い）という、家庭科での学習内容につながる。だから、「電気代を安くするには？」という家庭科の課題を入り口に理科の電

気およびエネルギーの学習に入るのも一つの方法である。また技術科で行う栽培の学習に、植物に必要な栄養素、土中の微生物の働き、光合成のしくみ（LEDによる植物工場の学習も含める）などの知識を重ねることもできる。最近社会で注目されている「ミニマリズム」や「自給生活」、さらに最近ブームとなっているキャンピングやサバイバルグッズなどを考えた場合、太陽光パネルの発電量や植物の性質、自然の中にあるものの活用など、理科の知識が非常に有効になる。このようなミクロの発想からの理科と他教科の協働を考えることも可能である。

　今回取り上げた授業は、いずれも学習指導要領で言えば第3学年の「科学技術と人間」に関する内容である。しかしSDGsはそのような「まとめ」に使うのではなく、日常の学習の中で自然に学べるような位置づけになることが望ましい。そのため、できるだけ電気や食物連鎖などについての学習の中で、このような取り組みを行いたい。また協働の発想から、社会科の地理的分野「日本のエネルギー」や技術科の栽培、家庭科の家計、美術科の平面ポスター製作などの時期に合わせて前倒しをするのもよいだろう。SDGsを何か特別なものとして扱わず、できるだけ各教科・領域の教育課程の中に落とし込むような実践を進めることに取り組みたい。

　理科の教師には、環境を学ぶ際に「核」となる教科を担当している自負を持ち、積極的に他教科との連携に取り組んで欲しい。これからの理科をつくるのはそのような教師であろう。

（井上陽平）

参考文献

・東北大学大学院環境化学研究科震災復興提言ワーキンググループ『それはエコまちがい？　震災から学んだ、2030年の心豊かな暮らしのかたち』プレスアート、2013年。
・テンダー『わがや電力　12歳からとりかかる太陽光発電の入門書（やわらかめ）』ヨホホ研究所、2015年。
・鷲谷いづみ『〈生物多様性〉入門』（岩波ブックレット）岩波書店、2010年。
・桐村理紗『腸と森の「土」を育てる　微生物が健康にする人と環境』光文社、2021年。

コラム⑥

広がってきた？　いや、まだまだ？
学校現場でのESD／SDGs

　2002年に我が国が「持続可能な開発に関する世界首脳会議」でESDを提唱してから約20年が経ち、SDGsが示された2015年からも約7年が経っている。そして、今年度（2022年度）から中学校で使用している教科書には、これまで以上にSDGsに関する内容が多く記載されている。今後、学校現場ではSDGsについて学習する場面がさらに増えると予想される。

　ところで、「現在、学校現場で、ESDやSDGsが広がってきているか」と問われると、量的な広がりと質的な深まりともに、肯定的な返答をすることは難しい。2002年度から中学校でも全面実施されてきた「総合的な学習の時間」で、国際理解、情報、環境、福祉などが内容の例として示され、例えば総合的な学習の時間の実施に合わせて、学区内の施設やゲストティーチャーを活用し、環境や福祉、平和などの学習を3年間系統立てて取り組んでいる学校もある。また、学校の実態に応じ、総合的な学習の時間に加え、校外学習や修学旅行といった特別活動でもESDに取り組んでいる学校がある。さらに、自分の担当する授業でESDを意識した学習を展開する教師もいる。

　このようにESDに地道に取り組む学校や教師が存在しており、一定の広がりがあることも事実である。しかし、「ESDって何？」「SDGsって何？」と話す教師もまだまだいるのではないだろうか。そして、広まっていない理由は様々である。

　ESDやSDGsという言葉を知らない教師もいるであろうし、言葉は知っていても「新しい教育」を受け入れることに対し拒否反応を示す教師もいるだろう。日々の忙しさの中で、ESDやSDGsには関心があるものの、自分自身の研修や校内での研究、授業時間の確保が難しく、前に進まない場合もある。すでにESDを進めている学校や教師であっても、その取り組みがESDと関連していることを整理できていない場合もある。

　ESDやSDGsを広めるためには、それらの必要性や重要性をもとに、ESDやSDGsに関する疑問や広がらない理由などを教師が率直に出し合うことが第一歩ではないだろうか。そして、それらに対するお互いの考えを話し合うことが大切であり、その小さな積み重ねが教師の認識を深めるとともに、子どもたちにとってのよりよい学習活動の展開につながると考えている。

（田中慶希）

第7章 「誰一人取り残さない」からスタートした 音楽 の授業

本章のねらい

「音楽は人類の共通語である」

（米国の詩人 ヘンリー・ワーズワース・ロングフェロー）

　この言葉のように、音楽を通して、異なった人種や民族、異なった時代に生きる人々の間であっても心を通じ合わせることができる。

　中学校の音楽には表現と鑑賞の2つの領域があり、表現は「歌唱」「器楽」「創作」で構成される。ここでは日本語の苦手な生徒を念頭において展開する、器楽の時間での事例を取り上げる。世界にはたいへん多くの楽器があり、中学生なりに楽器を通して文化などの多様性を理解することができる。第1学年では日本の楽器、第2学年では世界の楽器、第3学年ではブラジルの楽器を使い、いずれの学年の実践においてもゲストティーチャーを招いて体験活動を取り入れた。このような多様性の理解や交流体験は、SDGsの理念である「誰一人取り残さない」とつながるものである。

【実践 ❶】
身近な楽器を扱う授業（第 1 学年）

経験の浅い教師が職員室でベテランの教師と話している。

> 経験の浅い教師：学校にブラジル籍の子どもがいますが、彼らが日本語をうまく話したり理解したりすることが難しいようで、音楽の時間でも困っている様子なんです。例えば、去年も「さくら　さくら」を箏で演奏した時に、歌詞の意味を説明したのですが、彼らはよく分からないと言っていました。彼らが生き生きと取り組む音楽の授業をどうしたらつくれるでしょうか。
>
> ベテランの教師：確かに、日本語が苦手だと歌唱では苦労すると思う。歌唱も大切だけれど、器楽の時間で工夫することから始めてみてはどうだろうか。例えば、生徒の身近にある楽器を取り入れた授業はできないだろうか。

そこで、経験の浅い教師は、第 1 学年から 3 学年までを見通して、世界の楽器を活用した授業を工夫することとした（以下、経験の浅い教師を「教師」と表記する）。

> 教　師：前回までは歌唱の学習をしました。今日からは楽器を使った学習をします。いわゆる、器楽の学習です。さて、楽器にはいろいろあります。音の出し方で言えば、太鼓のように「たたく楽器」、リコーダーのように「吹く楽器」、ギターやハープのように「はじく楽器」、ヴァイオリンのように「こする楽器」があります。その中で、1 学年では、日本の楽器の魅力を味わいましょう。ところで、『日本の楽器』と言えばどのような楽器がありますか？　小学校で習ったことやテレビで見たこと、家族でお祭りやコンサートに行ったことなど、思い出してみてください。
>
> 生徒Ａ：日本といえば、尺八！　それに、和太鼓や三味線。この前、おじいちゃんがテレビで見ていました。お祭りで鳴らしていた太鼓も日本の楽器ですか。
>
> 教　師：和太鼓もそうですね。
>
> 生徒Ｂ：よし笛はどうですか？　この前、家の人とコンサートを聴きに行きました。琵琶湖岸に生えている葦をつかってよし笛をつくる人もいるそうです。
>
> 生徒Ｃ：小学校のとき、北海道旅行に行って、アイヌの人々が使うムックリという楽器を知りました。演奏の仕方が珍しいと思いました。
>
> 生徒Ｄ：私は小学校の社会の授業で、戦争が終わってからカンカラ三線という楽器を沖縄の人がよく弾いていたと聞いたことがあります。

この発表のあと、生徒は、自分のタブレットで日本の楽器の歴史や特徴を調べて学級で発表した。

　その中には、「カンカラ三線」について、「つくられた時期ははっきりしないが、戦争が終わってから流行り出したこと」「沖縄には三線という楽器があるが、戦争が終わり物資が手に入りにくいときに、アメリカ軍のベッドの骨を棹に、空き缶を胴に、パラシュートのひもを弦にしてつくられたものがカンカラ三線であり、この楽器によって戦争で傷ついた人々の心を慰め、生きる支えとなったこと」を調べた生徒もいた。

　その後、日本の代表的な楽器である箏を生徒が演奏する時間を設けた。

　その際に、学区内で日本の代表的な弦楽器である箏を高齢者に教えている先生をゲストティーチャーに招き、生徒たちが「さくら　さくら」を練習して、クラス内で演奏の発表会を行った。

【実践 ❷】
世界の楽器を扱う授業（第2学年）

　2学年では世界の楽器を学習する。はじめに、世界の様々な楽器を調べ、その際に、生徒にあまりなじみがないと思われる楽器に着目させるようにした。

教　師：1学年の時に日本の楽器を学習しましたね。2学年では世界の楽器の魅力を学習します。まず、世界の楽器と言えばどのような楽器がありますか？

生徒A：ギター、ドラム、ヴァイオリン………たくさんあってきりがありません。

生徒B：アルペンホルンという楽器をテレビで見たことがあります。

教　師：すごく長い楽器ですね。ヨーロッパ以外はどうかな。

生徒C：ディジュリドゥという、オーストラリアの先住民アボリジニが使っていた楽器もあります。ディジュリドゥという言い方は、オーストラリアに来たヨーロッパの人が名付け、アボリジニは、自分たちの言葉で違った言い方をしていると本で読みました。

生徒D：キハーダという楽器をこの前テレビで見ました。骨でつくられた楽器でびっくりしました。

教　師：骨でつくられている楽器？　その楽器について、もう少し教えてくれるかな。
生徒D：キハーダは、ロバや馬の下顎の骨を乾燥させてつくります。それを、振ったり、叩いたり、棒などでこすったりして演奏します。キハーダとはスペイン語で、もともとはアフリカからラテンアメリカに奴隷として連れてこられた人々がもたらした民族楽器と紹介されていました。日本ではあまりなじみがないのですが、北島三郎さんの「与作」や荒井由美さんの「中央フリーウェイ」にも使われているそうです。

その後、世界の国々の中でも特に、滋賀県に多くの出身者が住んでいるブラジル・中国・ベトナムを取り上げ、それらの国の楽器について調べた。生徒たちは自分のタブレットを使い、歴史や特徴を調べ、ワークシートに書き、調べたことや感想を班や学級で交流した。

生徒の感想にはベトナムのク・ニーについて、「ク・ニーは楽器の下から出ている一本の弦を口にくわえて演奏し、演奏者の口の中で響かせるという楽器です。ク・ニーもそうでしたが、1学年の時に学習したムックリも、私の知らない楽器でした。世界や日本には本当にいろいろな楽器があり、人間が長い間にたくさんの工夫をしてつくりあげてきたものだと思います」というものもあった。

その後、生徒になじみの深い弦楽器であるギターを使い、英語の歌詞の歌を歌うことにした。具体的には、アメリカ人のALTをゲストティーチャーとして招き、ギターを演奏する時間を設けて、ジョン・デンバーの「故郷へかえりたい（Take Me Home, Country Roads）」を練習し、クラス内で発表会をした。

【実践 ❸】
コラボする授業（第3学年）

第1学年と2学年の学習をもとに、3学年では日本の楽器とブラジルの楽器をあわせて演奏する時間を設けた。

教　師：今日の授業のめあては、「コラボさせた音楽を楽しもうです」。

生　徒：先生、音楽をコラボさせるってどういう意味ですか？

教　師：二つ意味があります。一つは、日本の楽器と外国の楽器をあわせるということです。また、もう一つは、昔みんなが演奏した曲とこれから演奏する曲をあわせるということです。

生　徒：世界の楽器はどうするのですか？　自分たちで選べるのですか？

教　師：本当はそうしたいところですが、楽器を集めるのはなかなか大変です。それに、今日も実際に、楽器を演奏する人から教えてもらおうと考えました。今日は、この学校の生徒の保護者で、滋賀県に一番たくさん住んでいるブラジルの人からブラジルの楽器を教えてもらいます。

生　徒：1学年では箏を、2学年ではギターを学んだので、3学年ではブラジルの弦楽器ですか？

教　師：いえいえ、3学年では打楽器を学んでもらおうと思います。

生　徒：昔演奏した曲はどうするのですか？

教　師：1学年では箏を、2学年ではギターを弾きました。クラス内で発表会をしたときの音源を残しています。それとあわせて演奏したいと思います。

生　徒：昔の自分たちの演奏をまた聞けるのも楽しみだな。

教　師：では、今日のゲストティーチャーをお呼びします。どうぞ、お入りください。

ゲストティーチャー：Olá（オラ）　Boa tarde（ボア タルヂ）

生　徒：[小声で] 先生、何を話しているのですか？　英語ではないのですね。

教　師：ブラジルの公用語はポルトガル語です。Olá（オラ）　Boa tarde（ボア タルヂ）はどちらも「こんにちは」という意味です。元気な声で返してみてください。ではみんなで「Olá（オラ）」と言ってみましょう。

生　徒：Olá（オラ）

ゲストティーチャー：Olá（オラ）[日本語で] こんにちは。実は、私は大人になってから日本にきて20年くらい経つので、日本語も話せるのです。それでは、今日はブラジルの楽器を紹介します。ブラジルにもいろいろ楽器があります。例えば、弦楽器で、イタリア生まれのマンドリンと似ているバンドリンがあります。

生　徒：ブラジルの弦楽器といえば、2学年の時、カバキーニョを調べたことがあります。

ゲストティーチャー：Obrigado!（オブリガード）ありがとう。ブラジルのことを調べてくれて、とてもうれしいです。ちなみに、私は男性ですのでオブリガードといいます。女性なら、「ありがとう」はObrigada!（オブリガーダ）といいます。ブラジルにも楽器はたくさんあるけれど、今日は打楽器のタンタンをもってきました。タンタンは、片面の太鼓で、素手でたたきます。立って演奏する時はストラップで肩から横にタンタンをつるし、

座って演奏する時は膝の上にのせます。そして、利き手でタンタンの面をたたき、もう一方の手は胴を軽くたたきながら演奏します。グループ数のタンタンを持ってきました。まず、 一つ目のチャレンジです。実際にたたいてみてください。

しばらく生徒たちはタンタンをたたいていた。

ゲストティーチャー：それでは、次のチャレンジです。みんなが1学年の時に演奏した「さくら さくら」にあわせて、タンタンを打ってください。どのように打つかは、それぞれのグループで考えます。そして、そのリズムを一人ひとりみんなの前で演奏してもらいます。グループ内で協力してリズムを考えて、順番を決めて練習してください。演奏者以外は聞き手になって感想を話し合ってくださいね。では、始めましょう。

その後、発表会が行われ、生徒たちは次のように振り返った。

・箏は弦楽器で音にのびがあって柔らかく感じるし、タンタンは打楽器で明るく弾む感じがします。はじめはこのような楽器を合わせるのは難しいと思っていましたが、予想以上に合っていると思いました。

・実際にブラジルの人にブラジルの楽器を教えてもらい、少しだけれどポルトガル語も教えてもらって、ブラジルに興味が出てきました。もっと他の国のことも知りたくなりました。

その後、箏とタンタンで合奏した音源をもとに、「さくら　さくら」をみんなで楽しく歌った。ブラジル籍の生徒は「話すのはまだまだ苦手だけれど、楽器を使う時間はとても楽しかった。歌を歌うのもがんばろうと思います」と教師に伝えた。

実践解説 ❶
実感を伴った多様性の理解の促進

SDGsの達成に向かうためには、文化などの多様性を認め合うことが重要である。「中

学校学習指導要領（平成29年告示）解説　音楽編」（p.13）には、次のように示されている。

音楽の多様性について理解するとは，単に多くの音楽があることを知るだけではなく、人々の暮らしとともに音楽文化があり、そのことによって様々な特徴をもつ音楽が存在していることを理解することである。その理解は、自らの音楽に対する価値意識を広げ、人類の音楽文化の豊かさに気付き、尊重することにつながっていく。生徒が音楽の多様性を理解できるようにするためには、表現や鑑賞の活動を通して、個々の音楽の特徴を捉え、さらに複数の音楽を比較したり関連付けたりするなどして、それぞれの音楽の共通性や固有性を捉え、理解できるようにすることが大切である。その際、既習の音楽と関連付けたり複数の曲を教材にしたりして題材を構想するなどの工夫が必要である。

　音楽において重要な役割を担う楽器も多種多様であり、人々の生活に深く関わる。【実践❶】では、日本の楽器の中から、尺八や三味線はもとより、滋賀県に関連したよし笛、アイヌの人々に関連したムックリ、沖縄の人々や戦争に関連した三線（カンカラ三線を含む）を取り上げた。また、【実践❷】では世界の楽器として、ギターなどの他に、キハーダやディジュリドゥも取り上げている。

　さらにいずれの事例も、ゲストティーチャーを招いて、楽器を通して人々の多様性についても体験的に学習した。楽器と人を組み合わせた学習を通して、実感を伴うかたちで文化の多様性を理解できるように努めている。

実践解説 ❷
日本や世界の楽器を系統的に活用した授業づくり

　いずれの事例も、日本語を話すことに苦手感のある生徒を念頭において、器楽の授業で斉奏や合奏に取り組むことを通して、みんなで表現活動を行い、自己達成感や自己存在感を高めるとともに、音楽の楽しさを味わえるように努めている。

ただし、器楽が歌唱より簡単であるという意味ではないし、演奏スキルなど難しい面もある。また、楽器は多様であるが、珍しい楽器を用いたからといって多様性を深く理解できるわけではない。そのため、生徒の実態や発達段階をふまえて、比較的簡単に演奏できるものや身近な楽器から学習を始めた。

　第1学年と2学年では、木管楽器であるアルトリコーダーを他の時間に練習しているため、【実践❶】【実践❷】ではそれとは異なる弦楽器を用いることとした。1学年で演奏する箏は弦を見ながら演奏できる楽器である。また、練習曲とした「さくら　さくら」は左手をほとんど使わずに右手を中心に弾くことができる。2学年では、世界的に普及しているギターの中から、クラシックギターを練習した。ギターは、弦を見続けることは一般的ではなく、左手で弦を押さえながら弾かなければならないので難易度が上がる。

　また、演奏する楽曲については、難易度とともに、生徒たちになじみの深い外国語である英語の歌詞のものを選び、故郷を想う内容の曲を選んだ。3学年では滋賀県に一番多く住んでおり、身近なところで一緒に暮らしているブラジルの人々の楽器を演奏することとした。

　第1学年では日本の楽器を用い、2学年では世界に目を向け、3学年では日本とブラジルの楽器をあわせている。このようにして3年間を見通した系統的な学習を行うことで、それぞれの学年での積み上げをもとに、楽器や音楽の多様性に関する発展的な学習ができるように努めている。

実践解説 ❸ 「誰一人取り残さない」授業づくり

　経験の浅い教師が、このような授業を始めるきっかけになったのは、「目の前の生徒にもっと音楽のすばらしさを知ってほしいが、それが十分にできているのだろうか」「自分の授業は『誰一人取り残さない』授業となっているのだろうか」という、よりよい授業を

めざす意識と自分自身に対する課題意識である。これは授業づくりの最も大切なことであるし、教師の誰もがたいへん悩むところでもある。

　この事例では、経験の浅い教師が、ベテランの教師とつながることによって着想を得ている。そして、各学年でゲストティーチャーを招き、生徒たちが多様性を理解し達成感や充実感とととともに前向きな姿勢が高まるように努めている。

　ゲストティーチャーが授業に入る場合には、事前の打ち合わせをていねいに行う必要があり、経験の浅い教師はその事前打ち合わせを通してゲストティーチャーとつながりを創っている。また、ゲストティーチャーは生徒と一緒に学校生活を送るALTのアメリカ人であったり、生徒の保護者であるブラジル人であったりする。彼らは従来から生徒と一定のつながりはあったものの、この授業を通してつながりをより深めている。そしてまた、生徒たちも、音楽の楽しさや素晴らしさを味わうことができている。

　このように、異なった世代の教師たち、異なった文化を持つ人々が関わり合っていることは、SDGsの第17のゴールにある「パートナーシップで目標を達成しよう」と通じるものである。そして、この事例からは、「誰一人取り残さない」授業づくりの出発点が、生徒一人ひとりを大切にし、人と人とのつながりを深めることと大いに関係していることが分かるのである。

（田中慶希）

参考文献
・若林忠宏『入門　世界の民族楽器』東京堂出版、2020年。
・長田暁二『世界と日本の愛唱歌・抒情歌事典』ヤマハミュージックエンタテイメントホールディングス、2015年。

コラム⑦ 実物教材を用いて、教室という限られた空間から「外の現実世界」へ

　筆者はこれまで、「デール」と呼ばれるモンゴルの民族衣装などを用いた授業実践を繰り返し行ってきた。この授業実践のインパクトは大きく、学習内容への興味関心を高めるなどの効果があった。だが、学習者にとって「実物教材」を用いた授業には、話題にリアリティを持たせ、さらには「外の現実世界」へと誘う力もあり、この点がESDの観点から重要であると考えている。

　筆者による民族衣装を用いた授業では、自身が現地で見聞きしたことに話題がおよぶことも多かった。その中でも近年では、必ずレアアース問題に触れるようにしている。筆者自身が内モンゴルのレアアース採掘現場近くの住民たちの苦悩を知り、彼ら・彼女らの犠牲のうえにPCやスマホの便利さがあることを改めて考えさせられたためである。このように筆者は、現地での体験やかかわり方を紹介し、学習者と授業者を結び付けてきた。このことを通して、授業者が教室の中で授業をする「教師」という姿だけではなく、教室の外では異なる社会と付き合う一人の「市民」であることを示せた、と考えている。

　筆者の場合は、チベットやモンゴルという国外の世界とのリアルなかかわりの中で、授業者の市民性を授業化した。しかし、実物教材は何も国外で手に入れなければならないものではない。国内旅行で手に入れた品物、地域での活動で使用した用具、あるいは近所のスーパーマーケットやすでに家の中にある品々も、実物教材として学習者を教室の「外の現実世界」に誘う可能性を秘めている。例えば、国外の強制労働や児童労働、国内での非人道的な待遇の技能実習生や外国人労働者たちがわれわれの身の回りにある様々な商品の生産に関与していることは、メディアでもしばしば取り上げられている通りである。こうした教室の「外の現実世界」へ誘う実物教材の可能性に気づき、授業者の市民性を教材化することは、工夫次第で誰しもが取り組みうることではないだろうか。

　実物教材は必ずしもインパクトの大きい派手な民族衣装である必要はない。どのような実物教材にも、普段の教科書とは異なる非日常性があり、学習者に「ワクワク」を感じさせやすい。しかし、それ以上に重要なことは、市民である授業者たちが実物教材から教室の外の世界におけるリアルな体験や各々の問題関心に引き付け、学習者を世界や地域といった社会へと誘うことであろう。このような観点による実物教材を用いた授業実践が、今後増えていくことを期待したい。

（木下光弘）

第8章

表現と鑑賞を通して SDGsの精神を かたちとして捉える 美術 の授業

本章のねらい

　ここではSDGsを美術の授業にどう取り入れるかについて、学習指導要領に示されている「美術」の「A表現」領域から二つ、「B鑑賞」領域から一つの実践事例を提案する。

　「A表現」においてはSDGsをどう作品にしていくのかをテーマとし、「SDGsがつくる明るい未来をイメージする」という面と、「SDGsのゴールを他者に伝える」という面の二つからのアプローチを考える。それは学習指導要領にある「感じ取ったことや考えたこと」を基にした発想や構想と「目的や機能を考え」た発想や構想に結び付くだろう。

　一方「B鑑賞」においては、SDGsをテーマにした作品を鑑賞する。「持続可能」という言葉を考えれば、素材を無制限に使うことや制作して完結するような作品づくりはできない。それらの条件が美術作品に制限を設けることになるのか、それとも新たな表現を生み出すことになるのかについても注目しながら鑑賞させたい。

【実践 ❶】
絵画：自画像と未来図

「今日から自画像を描くんだけど、今回は顔ではなく、後ろ姿を書いてもらおうと思う」という言葉から授業は始まる。「どうやって？」とたずねる生徒たちに「どうやったらいい？」と教師が返してみれば、「鏡を見て描く？」「そうだったら鏡が2つ要るなぁ、一度、重ねてみようか」、「○○、おまえが俺の後ろ姿描いてくれよ、俺がおまえの後ろ姿描くし」「えーっ？俺、絵下手だぞ。それでもいいのか？」「タブレットで写真を撮って送り合おうか？」など生徒は思い思いの方法を浮かべて話を始める。教師はそのようなアイディアの中から、実態に応じて一つを選ぶ。

次にその周囲に描く風景だ。教師は「後ろ姿を描くということは、自分がどこかに向かう感じ、つまり『未来』に向かってみんなは歩いていくイメージです」と話し、こう続ける。「みんなを待っている未来ってどんな未来？　日本は、世界は、どこに向かっているの？」。

「破滅じゃない？」「平和でしょ」「ロボット化？」など生徒は自由な未来へのイメージを口々に話す。それらを聞いた後、教師は「比較的近い未来はこうなるべきというゴールが出ています。それがSDGsです」と紹介する。続けて「世界は危機的状況だけど、『何をしたらいいのかわからない』という時期はもう終わっています。『明るい未来』の姿も『何をすればいいのか』もすでに議論され、描かれてきているんですね」と強調して話し、さらにこう加える。「SDGsが示す『明るい未来』を実現するために必要とされていることは『すべての人がその実現のために動くこと』です。国とかエライ人とかだけが動くのではなく、皆さん一人ひとりが、どんな小さいことでもいいからこの実現に関わることが必要なのです」。

配布するのは自分の後姿を描く画用紙、SDGsのゴール一覧のプリント、SDGsのゴールからイメージする未来図を描く画用紙の三つ。

課題は、①1枚目の画用紙に自分の後姿を描く、②SDGsのゴールのうち自分が関われ

そうなものを一つ選び、そのゴールが達成された世界のイメージをもう1枚の画用紙に描く、③①で描いた後姿を切り取り、②に貼り付ける。

教師は生徒に向かってこう話す。「テーマは『未来に向かう自分』。それもただそこにいるんじゃなくて、『その未来に何らかのかたちで関わる自分』だ。さあ、課題に取りかかろう」。

【実践❷】
デザイン：SDGsの新デザイン

TOYOTA（トヨタ自動車株式会社）やAmazon（Amazon.com, Inc.）など、最初に生徒にもおなじみのいくつかの企業デザインを紹介する。その後、「こういうのもあるのですが……」と言ってSDGsに描かれたデザインを提示する（図8-1）。生徒からは「ラーメン屋さん？」「目の病気？」などの声があがる。

ここで教師はSDGsの紹介をし、図8-1の左側はSDGsの「ゴール2：飢餓をゼロに」、右側は「ゴール13：気候変動に具体的な対策を」であることを説明する。生徒は「スープってこと？」「パンじゃないの？」「地球全体を見ろ、ってこと？」「なんでそう思うの？」「目玉が地球になってるよ」「あぁなるほど！」など思い思いの会話をして納得していく。その後、他のSDGsのゴールの文章の部分とデザインの部分を分けてバラバラにして黒板に並べ、ゴールとデザインの組み合わせを考えさせる活動も行う。生徒は意見を交流しながら組み合わせを考え、自由で発想豊かな発言が飛び交う。

次に活動内容を提示す

図8-1　SDGsに描かれたデザイン

る。「あなたはデザイン会社の社員です。今回クライアントから『○番のゴールを、今の
デザインでは伝わらない層にまで届くような新しいデザインにして欲しい』という仕事が
来ました。今からくじを引くので、その数字のゴールが伝わる、すでに使われているデザ
インではない新しいデザインを考えてください」。

　生徒の一部から「自分で選べないの？」「このゴール、よくわからない」という声があ
がる。それに対して、教師はデザインの特色を次の2点で整理して説明する。

① デザインは注文があって初めて成立するもの。だからつくる側は選べない。
② デザインはクライアントの意図を伝えることが目的。だからつくる側の自己主張を入
　れない。

　そのうえで、「だからそのゴールがどんな現実からできたものなのか、そしてどんな社
会を求めているのかをしっかり学ばない限り、デザインをつくることはできません」と話
し、各ゴールに関する現時点の状況、そのゴールに関する細かいターゲットが書かれた
カードを配る。生徒はその内容を熟読した後、「デザインを考えるアイディアノート」と
いうプリントに書き込んでいく。

　そのプリントには「状況を読んで何を伝えなければならないと思った？」「細かいター
ゲットの中で一番気になったのはどれ？」「このデザインで一番わかってほしいことは
何？」などが質問として書かれており、その下にデザインの素案を考える枠がある。また、
このプリントは、形、色、ゴールの文字のフォントなどを自由に書き込めるものになって
いる。

　各自の作業に入る前に、同じ番号の生徒を集めて意見を交換させる。すると生徒の中か
ら、例えばゴール2のデザインで「皿にもられたご飯でどう？」「何かを食べる口のアッ
プとかは？」「おなかいっぱいっていうのを表現できないかな？」などの会話が生まれ、
中にはピクトグラムのようにそのポーズを実際に体を使って表してみる姿も見られる。こ
れらをふまえて各自が素案を完成させた後、そのデザイン集を掲示して全員で鑑賞するよ

うな時間も加えた。

【実践 ❸】
鑑賞：SDGsをテーマにした芸術鑑賞

　まず「ゲルニカ」（ピカソ）を例に鑑賞のポイントを学ぶ。この作品にはファシズムの台頭の中（社会的な背景）、愛する町ゲルニカが兵器の実験場として攻撃されたことへの怒り（作者の心情）がベースにあり、そこにキュビズムや巨大なキャンバスの使用（すぐれた技法）を加えることで、本作品は直接感情に訴えかけてくるという構造があることを説明する。「激しい怒りだけでは作品にならないし、すぐれた技法だけでは訴えかけてくるものがない。常にこの三つが高いレベルで並立していることが必要なんです」と加える。

　次に「今からSDGsをテーマとした作品をいくつか見てみましょう」と言って、次の二作品の写真を提示する。1枚目は漂着物を使って絶滅した動物を再現した作品（淀川テクニック「北九州のドードー」）であり、2枚目は人型の畑をつくってそこで地元のハーブを育てていることを示した作品（団塚栄喜「Medical Herbman Project」）である（これらについてはともに「北九州未来創造芸術祭 ART for SDGs」のサイトを参照）。そのうえで、「この場合、『社会的な背景』は今の世界の状況。『作者の心情』はその状況に対して作者はどんなことを感じ、どんなことを訴えたいと思っているか。そして『すぐれた技法』は素材や表現方法を何にしているか。その三つを意識しながら鑑賞してみましょう」と指示をし、さらに数点の作品を提示する。生徒はどれか一つ、何か気になったものを選び、鑑賞して考えたことを、ワークシート（資料8-1）に記録していく。

　生徒からは「プラスチックのポイ捨てに対する怒りがあるけど、それをあえて楽しく伝えてる」、「一度つくった作品がこれからもずっと残るってすごいな」などの意見が出る。

資料8-1　ワークシート

Q1：いくつかある作品の中で、なぜこれをとりあげたのですか

Q2：その作品の作者は世界をどう感じていると感じましたか

　　　（1）世界は・・・　いい方向　・　悪い方向　・　その他（　　　　　　　　　）

　　　（2）だから・・・　（　　　　　　　　　　　　　　　　　）と訴えたい

　　　（3）この作品を見て、あなたの感じたことを書きましょう

Q3：その作品で見つけた技法上の特徴を書きましょう

出所：筆者作成。

実践解説 ❶
SDGsの示す明るい未来にすすんでいくイメージを持たせる

　「中学校学習指導要領（平成29年告示）」では、「美術」の第2学年および第3学年の「A表現」の内容の項に、「対象や事象を深く見つめ感じ取ったことや考えたこと、夢、想像や感情などの心の世界などを基に主題を生み出し」（p.109）とある。【実践❶】は、この内容を具現化するかたちで、美術科でよく取り組まれる「自画像」の学習にSDGsの要素を加えた授業である。

　SDGsは全体を通して明るい未来像を、ゴールを通してそのために何をすべきなのかをそれぞれ具体的に示すとともに、主体を「すべての人」としている。つまりSDGsは全体で「あなたがゴールの達成に関わってくれれば世界の未来は明るい」という強力なメッセージになっている。それを「後ろ姿の自画像」と「背景としての未来」を組み合わせることで表現していきたい。

生徒は自分の向かう未来というテーマを通して、SDGsには何が書かれており、どのような世界が描かれているのかをイメージする。並べられたゴールをただ見るよりも、それが自分と関係するものであることをより強く自覚できるだろう。また、自画像制作には「自己を見つめる」というテーマがある。昨今言われている自尊感情が低い生徒に、「前向きな未来に向かって歩いて行く自分」をイメージさせるために、ここでは「後ろ姿」というかたちをとっている。自尊感情が低く、自分の顔を描きたくないという生徒にも取り組みやすいだろう。

　また、どのようにして後ろ姿を描くのかについて、教師と生徒でアイディアを出し合って決めていきたい。その活動自体が、生徒も教師も一緒になって考えるESDの精神に則ったものとなるだろう。お互いを描き合うのか、鏡を重ねるのか、写真を取り合うのか、どれも一長一短ある中で話し合い、最終的な合意点を見出していく。この単元の主目的は「明るい未来に自分も関わるかたちで踏み出していく」という作品をつくることではあるが、この活動もまた生徒の成長を促すものに生かすこともできるだろう。

実践解説 ❷
厳しい現実を知り、ゴールの達成を求める気持ちをデザインに込める

　「中学校学習指導要領（平成29年告示）」では、「美術」の第1学年の「A表現」の内容として、「伝える目的や条件などを基に、伝える相手や内容などから主題を生み出し、分かりやすさと美しさなどとの調和を考え、表現の構想を練る」（p.108）ことが示されている。【実践❷】は、これを、SDGsの「自分のデザイン」づくりに生かしてみる授業である。

　今や世界に広がったピクトグラムの元祖は、東京オリンピック時に考え出された場内の案内表示だという。またSNSなどで頻繁に使う絵文字（英語で"emoji"）には、世界の共通

言語としての可能性があるという。日本のデザインセンスは注目に値するものであろう。

　ここではデザインが持つ機能のうち、「制作側の自己主張を入れない」「何を訴えるのかを明確にする」の二つを強調した。生徒はSDGsが生み出された背景、つまり世界の「いま」を直視することになる。「明るい未来」ではなく「厳しい現実」、「自分のイメージ」ではなく「伝えなければならないこと」をかたちにするこの活動は、SDGsを「明るい未来」とし、「そこに向かって歩く（貢献できる）自分」を描く【実践❶】の自画像とは真逆の方向からSDGsに取り組むものである。そのことは、SDGsについての理解を立体的に深めることにもなる。

　この実践は、単に「上手に絵を描く」などのスキルの向上を美術の目的と捉えがちな生徒もいる中で、社会の事実をていねいに見つめ、その認識に基づいて作品がつくられていることの重みに目を向ける機会となるだろう。さらに、そうしてつくられた美術（芸術）作品が、世界を変えたり新たな世界をつくったりする力になることを実感することにもなるだろう。

　この授業の活動自体は、デザインというある意味「ポップ」なものをつくるものである。しかし、そのデザインがただの「かわいい」や「かっこいい」ものになってはならない。作品に取りかかるにあたって、意図して「厳しい現実」を提示し、その突破口としてSDGsを捉え、簡略されているデザインの中に潜む願いや祈りを感じさせたい。

実践解説 ❸
SDGsをテーマとした作品を鑑賞し、作者の思いに触れる

　【実践❸】は、「中学校学習指導要領（平成29年告示）」において、「美術」の第2学年および第3学年の「B鑑賞」にある「作者の心情や表現の意図と創造的な工夫などについて考える」（p.110）と「安らぎや自然との共生などの視点から生活や社会を美しく豊かにする美術の働きについて考える」（p.111）の部分を、SDGsをテーマにした美術作品の鑑

賞を通して身につけることを目標にした授業である。鑑賞をする際のポイントを、「社会的な背景」「作者の心情」「すぐれた技法」の三つに置いた。

2019年に「にいはまSDGsアート・フェスティバル」（愛媛県新居浜市）、2021年に「北九州未来創造芸術祭ARTS for SDGs」（福岡県北九州市）が開催され、SDGsが芸術制作のテーマとなってきた。そこで発表された作品の一部を鑑賞するのが本実践である。

作品の表現方法は多岐にわたる。「持続可能な」の部分に着目した作品をつくる（例：リユースまたはリサイクル品で作品をつくる、作品自体が環境の負荷にはならないなど）ことも可能だし、2030年という近未来に着目した作品（例：最新のデジタルアートをつくる、まだつくられてないものを想像してつくるなど）も考えられる。

また、特定のテーマを掘り下げる（例：パートナーシップのために全世界で作成するパートを分ける、住み続けられる街の俯瞰図を描くなど）、誰もが参加できるアートをすすめる（例：障がい者の作品を提示する、音声、文字、触覚などを生かした作品をつくるなど）、複数のテーマを組み合わせる（リサイクル可能な材料で人権や平和を表現する、作品の売り上げを貧困対策に使うなど）などもあるだろう。そしてそれが「美しい」「心に残る」かたちで表現される。SDGsの理解やその達成に向けた取り組みに、「理屈」ではなく「感性」から入っていくことができるのは、美術科の持つ大きなアドバンテージである。

SDGsの発表から10年も経っていない現在、まだ決定的な作品が登場しているとはいえない。しかし、多くのアーティストはその中で懸命に試行錯誤し、その精神をかたちにしようとしている。それらを鑑賞することで、SDGsの持つ危機感、願い、意志などを生徒と理解・共有したい。それはSDGsのゴールを実現する活動を支える感性的な土台となるはずだ。

（井上陽平）

参考文献

・光村図書ARTS BY STUDENTS生徒作品ギャラリー（https://www.mitsumura-tosho.co.jp/kyokasho/c_bijutsu/artby/index.html：2021年3月21日確認）。
・筒井美希『なるほどデザイン　目で見て楽しむデザインの本』エムディーエヌコーポレーション、2015年。
・北九州未来創造芸術祭　ART for SDGs　HP（https://art-sdgs.jp）Twitter（2021年3月21日確認）。

誰もがESDの実践者

　授業者も学習者も、それぞれ千差万別の興味関心を持っており、人の数だけ世界や社会のつながりがある。こうしたつながりを個人的な関心で終わらせず、ここから社会の持続可能性を考え、授業実践に活かせないだろうか。

　筆者の場合、エスニック・マイノリティに興味関心がある。マイノリティはその数が少数であるがゆえに、彼ら・彼女らが抱える不安や不満の声をあげても、その声はどうしても小さく、根本的な改善がなかなか行われない。言い換えれば、一度、マイノリティという社会的弱者の立場に陥ると、その立場は固定化され、困難さから抜け出すことが難しい。だからこそ、マイノリティを理解しようとする姿勢は必要であると考え、この問題の授業化を続けている。

　一例として、学習者にマイノリティの当事者性を想像させ、社会的弱者の立場を考えるきっかけをつくる授業実践を行なった。在日コリアンと日本人の恋愛が描かれた漫画（原作：金城一紀『GO』秋田書店、2003年）を利用し、漫画の吹き出し部分を空欄にして、学習者にセリフを考えてもらう実践だ。

　さて、読者も、それぞれ何らかの社会問題への関心やかかわりがあるだろう。それらを授業化することで、唯一無二な持続可能な社会づくりの担い手を育む教育実践につなげていけるのではないだろうか。なぜならば、誰もが何らかのかたちでリアルな世界や社会の問題に関わっている、あるいは関わることができるからだ。そして、各々が持続可能な社会づくりの担い手であり続けようとする意識と試みも重要であることも、付け加えたい。

　ボランティア活動や社会活動に実際に携わっている人もいれば、思い入れのある地域や場所への訪問、あるいは具体的な関与までには至っていないが強く興味を持っている問題があるなど、関心やかかわり方も様々だろう。さらに学習者のかかわりや関心を授業に取り入れることができれば、より多様性も増す。

　もちろん、今日の教育現場には、カリキュラム編成上の制約や時間的制約などから、授業者独自の授業開発が行いにくい状況があるかもしれない。だが、たとえ一時間でも、授業時間の一部でも、各授業者が世界や社会へのかかわりを取り上げていくことは、授業者を見て学ぶ学習者にとって大切である。

　各々の興味関心や好きなことを活かし、誰もが持続可能な社会の担い手となることができれば、授業者も学習者もESDの実践者になれるであろう。そしてこれが、持続可能な社会の実現に近づくことになると考える。

（木下光弘）

第9章 自他と社会を見つめ、健康と福祉の増進に向けた力量の基礎を育成する 保健体育

本章のねらい

　　健康や福祉に関わる課題は、すべての人々にとって、生涯にわたって深く関わるものである。そして、私たちが元気に、健康に過ごすための取り組みを進めていくことは、様々なことにチャレンジしたり、自分がしたいと思うことを楽しんだりしながら長い人生を歩んでいくうえで重要である。本章では、体育分野の「球技」（ゴール型）の実践事例と、保健分野の「健康な生活と疾病の予防」を念頭に置いた実践事例をもとに、自他と社会を見つめ、健康と福祉の増進に向けた力量の基礎を育成する保健体育のあり方を考えてみたい。

【実践 ❶】
お互いのよさを見つけ合い、認め合う体育の授業

　男女混合で行うサッカーの授業。今日は、これまでの練習の成果を生かしてチーム対抗で試合を行う日である。試合の開始に先立ち、教師から、試合において意識すべきことには何があったかという投げかけがなされた。生徒からは、「ボールをよく見て蹴る」「ボールが来たら慌てずにトラップをする」「スペースを見つけてパスをする」「スペースに走り込む」「ボールを欲しいときに味方に声をかけて知らせる」などの意見が挙がる。教師からは、「今、いろいろと出てきた意見も参考にしながら、まずはいつも通り、ワークシートに、今日の日付と氏名、『本日のめあて』と『めあての達成に向けて特に意識したいこと』を記入しましょう」という声かけが行われ、ワークシート（**資料9-1**）が配布された。

資料9-1　配布したワークシート

2022年　　　月　　　日	2年A組　氏名（　　　　　　　　　　　　　　）
本日のめあて：	
めあての達成に向けて特に意識したいこと：	
めあての達成状況と次への課題：	
私が見つけた○○さんのファインプレー：	

出所：筆者作成。

「めあてには、今日の1時間の授業の中で達成をめざす自分の課題を書きましょう。シュートを決める、しっかりと声を出してチームメイトとコミュニケーションを取る、最後まで全力で走る、など、どんなことでも構いませんが、今の自分よりもレベルアップするための内容を考えてください。そして、そのめあてを達成するためにどのようなことを意識すればよいかを考えて記入しましょう。試合終了後、そのめあてがどの程度達成できたのか、できなかったのか、それはなぜなのか、さらにレベルアップするために意識したいことは何かを、自分でふりかえって記入してもらいます」という教師の説明を聞いた後、生徒たちは、友人と少し話をしたり、同様のフォーマットで自分が記入した過去のワークシートを挟んだファイルをめくったりしながら、記入していく。

　一通り記入が終わった様子を見て、教師はさらに続けた。「今日も、『私が見つけた○○さんのファインプレー』についても記入してもらいます。これまでにも皆さんは、本当に様々な『ファインプレー』を見つけてくれました」。

　「たとえばサッカーの場合、ドリブルが上手な人やシュートを決めた人などが注目されやすいかもしれません。もちろん、そうした活躍も、大切な『ファインプレー』だと言えます。しかし、それ以外にも、パスが来なくてゴールには結び付かなかったものの、とてもいいかたちでスペースに走り込む人もいるでしょう。また、自分がボールを持っているときだけでなく、相手の動きをよく見て自分のポジションを考えたり、声を掛け合ったりと、直接には見えにくいことや相手を思いやる行動などを積極的に行っている人もいると思います。他にも、ウォーミングアップやクールダウンをていねいに行う人もいます。これは、怪我の予防やパフォーマンスの向上、気持ちの切り替え、身体にかかる負担の軽減、疲労回復などにとって重要です。さらに、余計なものを片付けたり環境を整えたりすることも、安全にスポーツを行ううえで欠かすことができません」。

　「前回までのワークシートを見ていると、そういったポイントにまで目を向けて記入してくれている人たちが何人もいました。ぜひ、今回も、そうしたお互いのよいところを見つけられるよう、自分のプレーだけではなく、他者のプレーにもしっかりと注目していっ

てください」。

　その後、準備運動を経て、5〜6人ずつ計6チームに分かれて作戦タイムをとる。各チームでは、各自がワークシートに記入した「本日のめあて」と「めあての達成に向けて特に意識したいこと」もふまえながら、チームの全員のよさや特性を生かせるポジションや動き方などを確認していく。その際、各チームに1台ずつ配布されているタブレットを覗き込むチームもある。タブレットには、チームの過去の練習の様子を撮影した動画や写真、チーム内での話し合いの様子をメモ書きしたファイルなどが保存されているのである。

　そして、3チームずつ二つのコートに分かれて、コートごとに、試合が始まった。試合時間は5分、2チームずつが出てきて順番に試合を行う、総当たり形式での実施である。2チームが試合を行っている間、試合に出ていない1チームの生徒は、タブレットを用いて試合の様子を撮影したり、自分たちの試合に備えて他のチームの様子を観察したりしている。そして試合終了後、試合を撮影していた生徒は、試合を行っていた2チームのタブレットに、試合の動画を共有する。各チームではその動画を確認し、自分たちの動きを客観的に分析しながら、ふりかえりと次の試合に向けた修正点などを見出していくのである。こうした取り組みを繰り返しながら、その日の授業が進んでいった。

【実践❷】
自身の健康や体力などの現状や特性を見つめ、向上につなげる保健の学習

　授業開始の挨拶の後、教師は黒板に"PPK"と書き、「これは何の略だと思いますか?」と問いかけた。「アイドルグループの名前?」「でも、テレビとかで聞いたことないよ」「ペンパイナッポー……ちがうか」などの声があがる。教師が「これは、ピンピンコロリの略です。年を取ってもピンピンと元気で過ごし、元気なままにコロリと亡くなること、

亡くなる直前までピンピンしていることを意味しています」と説明すると、生徒からは「聞いたことがある気がする」「初めて聞いたよ」などの反応が返ってくる。教師はさらに続けた。

「皆さんは、日本が世界的に見て長寿国だということを知っていると思います。確かに、平均寿命を見ると、日本は世界でもトップクラスの長寿国です。しかし、「健康寿命」という視点、つまり、どの程度の人たちが、長く寝たきりの状態になったり自分自身の力で生活をすることができなくなったりせずに生活をしているのかという視点で見たときの寿命と、生まれてから亡くなるまでの平均寿命とを比べてみると、男性で約8年、女性で約12年の差があると言われています」。

「つまり、多くの人たちは、人生の最後の8〜12年程度を、自分自身の力だけでは生活することができない状態で過ごしているとも言えるのです」。

この説明を聞いた生徒たちからは、「8〜12年って結構長いよね」「自分がそうなったら、ちょっと辛いなぁ」などの声があがる。

これを受けて、教師は、次のように語りかけた。

「私たち一人ひとりが元気に、健康に過ごすための取り組みを進めていくことは、様々なことにチャレンジしたり、自分がしたいと思うことを楽しんだりしながら長い人生を歩んでいくうえでとても重要なことだと思います」。

「そこで重要な要素となるのが、運動と食事、休養および睡眠、そして、他の人たちとのつながりです。定期的に適切な運動をすることで、体力や筋力の発達を促したり衰えを緩やかにしたりすることができます。また、きちんと食事を摂ることで健康な身体づくりやエネルギーの補給、身体の機能を活性化させたり機能の衰えを緩やかにしたりすることが期待できます。休養や質のよい睡眠をしっかりと取ること、そしてさらに、地域の活動に参加したり同じ趣味を持つ人たちと一緒にそれを楽しんだりすることによって心の健康を保つことも、健康に長生きをするためには欠かせません」。

「今日からの授業では、その中でも特に『運動』について考えていきたいと思います。

『運動』と言うと、体育の授業や部活動などで行っているような、サッカーやテニス、ジョギング、スイミング、筋トレなどをイメージするかもしれませんが、今回は、『自分に適した運動』という視点から、学習を深めていきたいと思います」。

　そして、教師は生徒たちに、「皆さんは、『自分に適した運動』をしましょうと言われたら、どのようにしてその運動の内容を考えますか」と問いかけた。生徒たちは、今まで考えたことがなかった内容の問いかけに、少しとまどった様子を見せている。「近くの人と少し意見交換をしてみてもいいですよ」という教師の言葉を受けて、生徒たちからは、「自分の好きなスポーツを選ぶのがいいんじゃないかな」「試合に勝ちたいし、ちょっとハードなメニューが必要だと思う」「毎日続けられそうな運動かな」などの声があがり始める。

　このクラスには、部活動で全国大会をめざしている生徒や学校外のスポーツクラブで頑張っている生徒もいれば、運動に対する苦手意識を持っている生徒や持病の影響で運動に関する制限を受けている生徒もいる。今回の授業を構想するにあたって、授業者である教師は、生徒一人ひとりが自身のそうした様々な目的や特性をふまえて自分なりの課題や課題解決に向けた方策を検討し、健康の保持増進と体力の向上に取り組むことへの意識を高めてもらいたいと考えたのである。

　こうした願いを、教師は生徒たちに、次のように伝えた。

　運動をすること自体は、健康に生きていくうえでとても大切です。これは、年齢に関係なく、生きている限り、向き合い続けていく必要があることだと考えます。ただし、「どのような運動をすればよいのか」「自分に適した運動とはどのようなものなのか」ということは、目的や年齢、体調などによっても異なってきます。ちょっと極端な例ですが、例えば、プロのスポーツ選手と高齢者とでは必要な運動の量や質が違うことは、すぐに想像できると思います。同じ年齢や身長・体重であっても、競技のためか運動不足解消のためか、筋力アップをめざすのか、心肺機能の向上をめざすのかといった目的によって、適した運動は異なります。病気やケガの状態によっても異なってきます。そのため、今回

の授業を通して考えてきたように、皆さん一人ひとりに、自分の状況を適切に把握し、自分にとって必要な運動の量や質を見極め、それを実践することができるようになってもらいたいと思っています。

　そのうえで、自分に適した運動の量や質を考えるためには、自分の身体の状況を知ることが必要です。また、様々な運動の特性、つまり、それぞれの運動の効果や、その運動を行う際の注意点などを知っておくことも必要です。「何となくこれくらいかな」ではなく、科学的な知識やデータに基づいて判断できるようになることが大切なのです。

　また、意識する機会は少ないかもしれませんが、皆さんが住んでいる地域の自治体が無料の健康相談や健康診断の機会を設定していることもありますし、病院などで受ける健康診断などの費用の補助を行っていることもあります。他にも、養護教諭の先生も健康管理に関するプロですし、保健だよりにも役立つ情報をたくさん載せてくださっています。私も、いつも「なるほど。こうした運動だったら毎日続けられそうだな」とか、「今後、この食事を試してみよう」などと勉強しながら読んでいます。

　一人で考えてみる、工夫をしてみるということももちろん大切ですが、こうした自治体が設定している機会をうまく活用したり、専門家に相談したりすることによって、科学的なデータや研究成果などに基づく確かな情報を入手し、それを理解したうえで自身が取るべき行動を判断するという力や意識も重要です。

　今後の授業では、養護教諭の先生やスポーツドクター、保健所の方、スポーツ科学を専門とする大学の先生などが書かれたものを読んだり、直接お話を伺ったりしながら、学習を進めていきましょう。

実践解説 ❶
自他の尊重や学び合い、自尊心の向上などを促す「文化」を醸成する

【実践❶】は、男女混合で試合を行うサッカーの授業（体育分野の「球技」（ゴール型））

の例である。「球技」（ゴール型）では、チームで作戦を立てながら勝敗を競う楽しさや喜びを味わったり、技術や戦術の名称、ルールなどを理解したりすること、パスやドリブル、シュート、ボールを持たないときの動きなどに関する技能を身に付けたりすることや、攻防などに関する課題の発見とその合理的な解決のための取り組みを工夫したり他者に伝えたりすること、作戦などに関する話し合いへの参加や仲間の学習を援助しようとすること、健康・安全に気を配ること、などができるようになることがめざされる（「中学校学習指導要領（平成29年告示）解説　保健体育編」pp.121-142）。

　本事例では、ワークシートに「私が見つけた○○さんのファインプレー」という項目を設定することで、自他を見つめ、お互いの努力や取り組みを認め合うこと、そこから学び合うこと、認め合いや学び合いを通じて自身の取り組みに自信を持ったり自尊心を高めたりすることをねらった。体格や体力などに差が出てきやすい中学校段階において、「男性だから女性よりも体力があるはず」といったかたちで「男性」「女性」を一括りにして考えたり、「男女」の体力差を当然の前提にしたりするのではなく、各自の現状や特性、努力などにきちんと目を向けることは、ジェンダー平等の実現やパートナーシップの構築にもつながるものと考えられる。こうした取り組みを様々な単元や授業で繰り返し行うことで、自他の尊重や学び合い、自尊心の向上などを促すことをあたり前のものとする「文化」を学級や学校に醸成することは、学級や学校を公正で協力的な場にすることやそれを通じた人間形成を進めるうえで欠かせない。そしてこれは、ESD推進の基盤づくりにおいても重要な役割を果たすのである。

実践解説 ❷
個人の取り組みと社会全体での取り組みの視点で課題の把握や解決をめざす

　「保健分野」は、「健康な生活と疾病の予防」「心身の機能の発達と心の健康」「傷害の

防止」「健康と環境」の四つの内容で構成される。【実践❷】は、その中でも特に「健康な生活と疾病の予防」を念頭に置いた取り組みの例である。

　運動は、心身の健康の維持や向上にとって重要である。そのため、生徒一人ひとりが学校卒業後も生涯にわたって運動に親しむとともに、自身の生活を充実させるための重要な要素として運動を意識し続けるための素地を、学校教育を通して養いたい。さらには、自身の知識や経験などをもとに、他者にアドバイスをしたり、健康や福祉に関わる社会的な取り組みについても考えを持って社会参画したりするための力量を育みたい。

　そのためには、生徒一人ひとりが、科学的なデータや研究成果などに基づく確かな情報を入手し、それを理解したうえで自身が取るべき行動を判断する力や意識を高めることが不可欠である。また、健康の維持・増進を、「自己管理すべきもの」としてすべて個人の責任に帰結させてしまうことにも注意が必要である。健康とは、個人の取り組みとともに、社会的な取り組みがあってこそ守られるものである。このような、個人の確かな知識や批判的な思考力などの力量形成ならびにそれらに基づく取り組みと、社会全体での取り組みの双方が重要であるということは、2019年に発生した新型コロナウイルス感染症の流行とそれへの対応を巡る様々な議論や動向などによって、改めて認識されたところであろう。個人の取り組みと社会全体での取り組みという視点から課題の把握や解決をめざすことは、ESDにおいて重要なポイントの一つである（第10章も参照）。本事例は健康と福祉の維持・増進をテーマに考えたが、こうした視点は、他の教科・領域においても意識していきたい。

実践解説 ❸
自己を理解し、向上させるための力量形成と意識の向上を図る

　【実践❶】では、各自のワークシートに、「本日のめあて」「めあての達成に向けて特に意識したいこと」「めあての達成状況と次への課題」についても記入することを求めた。

また、【実践❷】では、生徒一人ひとりが自身の目的や特性をふまえて自分なりの課題や課題解決に向けた方策を検討し、健康の保持増進と体力の向上に取り組むことへの意識を高めていくことに焦点をあてている。

　健康や福祉に関わる問題は、すべての人々が、生涯にわたり、自身が主体となって取り組まなければならない場面が多いものの一つである。自身の心身の状態の把握も、改善に向けた取り組みも、自身が行おうとして初めて行うことができる。そのため、学校教育を通して、自身が主体となり、現状の把握や課題の設定、取り組みの方策の検討と決定、実践、実践の結果のふりかえりと改善などを行うための力量形成と意識の向上を図りたい。こうした力量を高めることや意識を向上させることは、学校卒業後に、様々な状況の変化や未知の課題に直面した際にも主体的に課題の解決に取り組むための礎となるだろう。

　その際、科学的なデータや研究成果などをふまえた判断を行うことが重要となる。そのためには、必要な情報の吟味や情報収集の方法、様々な運動の種類と効果、日常生活への取り入れ方、人間の心身の発達や老化などに関する知識や技能を身につけたり、そうした知識や技能を活用したりする学習経験を通して力量形成を行うことが有効であろう。また、すべてを独力で行うのではなく、様々な検診の機会を活用することや専門家に助言を求めることなどの有用性や必要性にも目を向けられるようにしたい。学校教育においてそうした学習の機会をどのように位置づけるのかは、保健体育に限らず、工夫したい点の一つである。

（木村　裕）

参考文献

・厚生労働省『令和2年版　厚生労働白書（平成30年度・令和元年度厚生労働行政年次報告）─令和時代の社会保障と働き方を考える』（https://www.mhlw.go.jp/content/000735866.pdf：2022年6月17日確認）。
・NHKスペシャル取材班『健康格差─あなたの寿命は社会が決める』講談社、2017年。

コラム ⑨　ICTで時間と空間の制約を乗り越えた学習活動を展開する

　教室や学校内にいながらにして、世界中の人々と対話し、協働して、未来をつくる——そうした学習活動を展開する可能性を持つものの一つとして、ICT（Information and Communication Technology：情報通信技術）、とりわけICTを活用したオンラインミーティングの、実践への生かし方を考えてみたい。

　オンラインミーティングでは、お互いのいる場所の間の距離に関係なく（画面越しにではあるものの）対面ができるほか、ゲストスピーカー等を学校に招く際に必要な費用や移動時間が削減できる。そのため、例えば、遠く離れた国や地域に住む人々やそこで援助活動に携わる人々との対話や、他国・他地域の同世代の生徒との意見交流などが行いやすくなるほか、学習活動に関与できる人々の幅も広がる。また、一人一台の端末が利用可能であれば、大勢の生徒を体育館などに集めて行う講演会などに比べて、一人ひとりの表情が見えやすくなったり意見交換を行いやすくなったりする場合もある。その結果、「Aさんが暮らすB国」「Cさんが解決に向けて取り組んでいる、D地域の環境問題」など、遠く離れた国や地域に見られる問題やそこで暮らしたり活動したりしている人々を身近に感じたり、「私たちのアイディアが、EさんのいるF地域での取り組みに生かされた」というかたちで、学校での学習活動が現地の人々と協働した問題解決のための行動に参画する契機となったりすることも期待できる。さらに、生徒同士が直接対面して行う学習活動が企画される場合でも、その事前・事後にオンラインミーティングで交流することで、直接対面する場でのコミュニケーションの円滑化、豊かな人間関係の構築、対面後の継続的な協働や対話の実現、それらに基づく実践の充実などの可能性も生まれるだろう。

　もちろん、息づかいや臨場感、迫力などを感じることや、その場の雰囲気や表情などを細やかに捉えた双方向のコミュニケーションを行うことなど、オンラインミーティングでは実現困難な学習活動の要素も存在するため、ICTを活用した学習活動は、直接対面して行うすべての学習活動に置き換えられるものではない。しかしながら、すでに学校内外で普及しており、その利活用についての研修を受けた教職員も少なくないであろうICTは、充実したESDの実践のための大きな可能性を持つツールの一つであると考えられる。ICTとうまく協働することで、時間と空間の制約を乗り越え、豊かな人間関係の構築や問題解決に向けた協働につながる学習活動の可能性が広がるのではないだろうか。

（木村　裕）

コラム⑩ 「持続可能な」社会は日本にあった!?

　SDGsの日本語訳である「持続可能な開発目標」という表現は、日常的に日本語を使う人にとってもあまりなじみがない。その意義については理解・共感できるものの、ことばとして何かすっと入ってこない、と感じる人も多いのではないだろうか。しかしそれは、日本社会の中に「持続可能な開発」の精神がないということを意味するわけではない。むしろこの国には、「持続可能な」生活を送ってきた面が多くあるのではないだろうか。

　2004年にノーベル平和賞を受賞したケニアの政治家・女性環境活動家のワンガリ・マータイ氏は、日本語の「もったいない」という語に感銘を受け、翌年からその精神を世界に広げる「MOTTAINAI運動」を始めた。氏によれば、この言葉には3R（Reduce、Reuse、Recycle）はもちろん、自然やモノへのRespect（敬意）までが加わっており、世界に同様の意味の言葉はないという。

　また、江戸時代の生活が高度な循環型社会になっていたということも、歴史研究の中で明らかになってきた。江戸の長屋で出る糞尿とそれを肥料にして作られる農作物の交換という循環型生活、米の収穫後に残った藁で生活用品（笠、蓑、草鞋など）をつくり、最後は燃やしてその灰を肥料にするという徹底したリサイクルなど、江戸は人口約100万人の世界一の大都市でありながら、清潔さも維持された社会だったと言われている。

　「持続可能な開発」を「持っているものを十分に生かす」という面から見れば、スポーツも同様だろう。体格では太刀打ちできない中で、自分たちにできることを徹底的に考え、独自のスタイルをつくり上げた事例も多い。1964年の東京オリンピックで優勝にまで登り詰めた女子バレーの回転レシーブや、イチロー選手の活躍などによってメジャーリーグでも注目された、バントや走塁を絡めて点を取る「スモールベースボール」などが挙げられるだろう。

　1960年代の高度経済成長期以降、この国でも、日常的な「持続可能な」生活は失われつつあった。しかし、大量生産・大量消費の問題点が次々と指摘される現在、昔の知恵を参考にしつつ、同時にインターネットを駆使して生産物や情報を交換しながら自給比率を高める、というような「持続可能な」生活にシフトする人も数多く現れている。昔の生活様式が残っている部分も多く、また最先端の技術にも触れられる日本人にとって、「持続可能な」生活のためのアイディアは、案外身近なところに見つけられるのかもしれない。

（井上陽平）

第10章 豊かでしなやかに生きるための想像力と創造力を育む 技術・家庭

本章のねらい

　衣食住や技術の活用などは、時代や場所、生活環境などを問わず、私たちの生活と不可分、不可欠の営みである。ただし、その内容は多様かつ変化するものであり、それらへの関わり方や生かし方なども様々となる。本章では、技術分野「生物育成の技術」の実践事例、および、家庭分野「衣食住の生活」を「家族・家庭生活」「消費生活・環境」とも関連づけて展開する実践事例をもとに、豊かでしなやかな生き方を模索するとともに、その実現に向けて必要となる力量を高めることにつながる技術・家庭科の取り組みについて考えてみたい。

【実践 ❶】
「植物の助け合い」を活かす人間の知恵と技術

　「ちょっとクイズです」と言って、教師は一枚の写真をスクリーンに映し出した（**写真10-1**）。「これは、先日、私が道を歩いていたときに見つけたプランターです。プランターの持ち主の方に許可をいただいて写真を撮らせていただきました。見てもらうと分かると思うのですが、このプランターには3種類の植物が植えてあります。このオレンジの花が咲いているのは……そう、マリーゴールドですね。ツンツンとしているのは、ネギです。そして、ツルが伸びているのは……これは、メロンなんです。先生はこのプランターを見たときに、見たことのない組み合わせだったので、どうしてこの3種類を一緒に植えているのかなと不思議に思いました。ちょうどこのプランターの持ち主の方が水やりをなさっていたので、理由を聞いてみたんです。どんな理由だったと思いますか？」

　教師からの問いかけに対して、生徒たちからは、「庭が狭いから、少しでもいろいろ植えられるようにしたのかなと思います」「野菜だけだと寂しいから、きれいに見えるように、マリーゴールドを植えたんじゃないかと思いました」「偶然、家にこの3種類があって、プランターが1つしかなかったから、一緒に植えたんじゃないですか」などの声があがる。そうした意見を受けて、教師は、「先生も、持ち主の方に教えていただいて初めて知ったんだけど……」と言いながら、黒板に、「コンパニオンプランツ」と書き、次のような説明を続けた。

　「野菜をはじめ、植物を育てるときには、植物を害虫や病気からどのように守るのかが大きな課題になります。その対策方法の一つとして広く用いられているのが、農薬の使用です。もちろん、人体や環境への悪い影響が出な

写真10-1　プランターの様子

出所：筆者撮影。

いように、農薬の使用にもルールが定められていますし、農家の方たちも、私たち消費者が安心・安全に、そして、美味しい作物を食べられるように、様々な工夫や努力を重ねています」。

「ただし、農薬の使用には、動植物や人間の健康への影響を不安に思う人がいたり、環境への望ましくない影響が及ぶ可能性が指摘されていたりもします。そうした中で、『有機栽培』や『無農薬栽培』などの取り組みも進められてきました。生物や自然環境に優しい肥料を使ったり、農薬を使わないようにしたりすることで、より安心・安全に農作物を育てようとする試みです。その手法の一つとされているのが、この、『コンパニオンプランツ』の活用です」。

「コンパニオンプランツとは、『共栄作物』や『共存作物』とも呼ばれるもので、一緒に栽培することで、お互いの成長にとってよい影響を与え合う植物のことを指します。先ほどのプランターの例で言うと、ネギには病原菌を退ける抗生物質を出す微生物がいます。また、マリーゴールドの根には殺虫成分があり、特に、センチュウと呼ばれる害虫への効果が期待できるそうです。これらを一緒に植えることで、メロンを病気や害虫から守ろうとしているのだと、プランターの持ち主の方から教えていただきました」。

あまり興味がなさそうな生徒も見られる一方で、「はじめて聞いた」「うちの親が、ミニトマトとバジルっていうハーブをセットで育てていたよ」「3種類を一緒に植えても効果は変わらないのかな？」「そもそも本当に効果があるの？」などの声も聞こえてくる。教師は、「よく活用されている組み合わせとその効果としては、次のようなものがあるようです」と言いながら、黒板に表を書き（表10-1）、以下のように話を

表10-1　コンパニオンプランツの組み合わせの例

植物①　　植物②	期待される効果
トマト　×　バジル	・トマトの根のまわりの水分調節 ・病気の予防
イチゴ　×　ニンニク	・収穫量の増加 ・病気の予防
キュウリ　×　長ネギ	・連作障害の回避 ・お互いの成長を促す

出所：著者作成。

続けた。

　「その後、私も調べてみたところ、コンパニオンプランツについては、昔から農家では経験的にその効果を感じ、農作物を育てる際に活用している例があったそうです。また、現在ではその効果がだんだんと注目されるようになっており、家庭菜園で取り入れる人が増えてきたり、国の行政機関である農林水産省でもこうした取り組みを紹介したりしているようでした。私は、地球環境を守ることや私たちを含む動植物が健康に生きていけるような社会をつくっていくうえで、コンパニオンプランツの考え方やその技術を生かした農業には、大きな可能性があるのではないかと感じました」。

　「コンパニオンプランツの活用のように、動植物が本来持っている性質や能力をうまく活かすことで、私たちや自然環境にとって安心・安全な植物の栽培や農業を行う技術は、他にもあります。今後の授業では、まず、実際に活用されている技術の種類や内容と、それらのメリットやデメリットについて学んでいきましょう。そしてそれらをふまえながら、『技術』のあり方、付き合い方についても考えを深められたらと思っています」。

　「まずは次の時間までに、各自で一つ以上、コンパニオンプランツの組み合わせとその効果を調べてきてください。皆さんに集めてもらった情報をもとにして、コンパニオンプランツについての理解を深めていきましょう。その後、実際にコンパニオンプランツを活用して農業に取り組んでいらっしゃる農家の方に、オンラインでインタビューを行う機会を設定したいと思っています。その際には、実際の農園の様子も見せていただける予定です。そのときまでに私たちも学習を進めておき、いろいろと質問などができたらと思います」。

【実践 ❷】
自然災害が起きた！ 食事をどうする?!

　授業の冒頭、教師は次のように話し始めた。

「皆さんは毎日、食事をしていると思います。誰と、どこで、どんなものを食べたことがありますか？思いつくままに発表してみてください」。

　この問いかけに対して、生徒たちからは「うちは、朝ご飯は家族で食べることが多いかな」「学校の給食は班で食べてるよね」「塾があるときは、コンビニでパンを買って塾の授業前に食べて、塾が終わって家に帰ってから一人で晩ご飯を食べることが多いかな」「友達と遊びに行ったときにハンバーガーを食べるのが好きだなぁ」「ピザを配達してもらって、家でコーラを飲みながら食べるのが幸せ」「うちはいつも、おばあちゃんがつくってくれるから、外食とか、配達してもらうとかはほとんどないよ」など、様々な意見が出てくる。教師はその内容を板書したうえで、さらに続けて問いかけた。

　「このように、食事と一口に言っても、様々なかたちがありますよね。ではもう一つ、考えてみてください。皆さんは、どんなときに、『今日のご飯は満足だったな』『楽しいご飯だったな』と感じますか。また逆に、『こんなご飯はつまらないな』『こういう食事はいやだな』と感じるのは、どんなときですか。正解があるわけではないので、『自分はこう思う』ということを、グループ内で気軽にいろいろと出し合ってみてもらえたらと思います」。

　3〜4人ずつで構成される各グループでの意見交換を経て、出てきた意見の発表に移った。ここでもまた、「自分の好きなメニューだとうれしいよね」「友達と一緒に食べると楽しい」「たまには一人で食べるのも気楽で悪くないよ」「自分がご飯をつくったときに、おいしいって言ってもらえたら、またつくろうかなって思う」「寒い日に熱々のラーメンを食べたら幸せ」「コタツに入ってアイスもいいよね」など、様々な意見が出された。

　これらの発表を受けて、教師がさらに語りかける。「皆さんに発表してもらったように、食事には栄養を摂るという役割だけではなく、友達や家族とコミュニケーションをとったり、ホッとしたり、自分や他の人を幸せな気持ちにしたりするといった役割もあります。そうした食事を、皆さんはこれまで、あたり前のように経験してきたかもしれませんが、それがあたり前にできなくなってしまう場合があります。その一つが、自然災害で被災し

てしまった場合です。たとえば私は、皆さんと同じ中学生の時に、阪神・淡路大震災を経験しました。私の自宅は何とか住み続けられる状態にはありましたが、水道も電気もガスもすべて止まってしまい、復旧にはしばらくかかりました。そのため、食事のことだけを考えても、冷蔵庫や冷凍庫、電子レンジ、ホットプレート、ガスコンロなどはすべて使えない状態が続きました。調理はもちろん、食材やつくった料理の保存、使い終わった食器の後始末などにも、大きな不便が生まれたのです。

　自然災害の発生を防ぐことはできませんが、少しでも被害を減らすために、自然災害の予測に関する研究や技術開発、災害に強い町づくり、災害時の支援物資の輸送や人員の派遣方法の改善などが進められてきました。ただし、そうした研究や国などによる取り組みが進んだとしても、他者や行政などの取り組みに頼りっぱなしにするわけにはいきません。実際にどのような生活をしたいのかは、私たち一人ひとりが考えるべき課題ですし、実際にそうした生活をすることができるのかという点については、私たち一人ひとりの知識やスキル、経験などにかかっていることも少なくないからです。

　皆さんはこれまでの学習を通して、栄養素やバランスのよい食事などについての知識を身に付けたり、調理実習などを通して練習してきた食事をつくるためのスキルなどを身に付けたりしてきたと思います。また、今日の授業を通して、食事の役割や大切にしたいことなどについても考えを広げられたのではないかと思います。今後の授業では、こうした学びの成果をふまえながら、今のグループで実際に献立を考えてもらい、その献立をもとに調理をしてもらおうと考えています。

　今回は私の方で、具体的な状況を設定してみました（**資料10-1**）。この状況を頭におきながら、次の授業までに、資料を調べたり周りの人たちに聞いてみたりして、献立づくりや調理などに生かせそうなアイディアや技などについての情報収集を行ってきてください。災害という状況に置かれたとしても、様々な知識やスキル、アイディアなどを生かしながらたくましく生き抜いていく力を高めていけるといいなと思っています。」

　提示された状況設定を見た生徒たちからは、「これ、かなり大変な状況じゃない」「キャ

資料10-1　設定した状況

- ・1月半ばに地震が発生し、一家5人が被災した。
- ・同居している家族は、父、母、私（中学2年生）、弟（5歳）、高齢の祖父。
- ・自宅は壊れておらず、寝泊まりをすることはできる。
- ・水道、電気、ガスは止まってしまっている。
- ・最低限のパンや缶詰、常温保存できる野菜、水などの食料、油、塩こしょうや砂糖などの調味料は、家に備蓄があったほか、自治体を通じて配給されている（缶詰や野菜の種類などは、実際に入手や保存が可能なものであれば、グループで話し合って決めて構いません）。
- ・使用できる主な調理器具は、包丁、まな板、ザル、鍋、フライパン、カセットコンロ。
- ・箸、スプーン、フォーク、紙皿、プラスチック製の皿やコップ、サランラップ、アルミホイルも使用できる。

出所：有友誠・福家亜希子「学びを生活に生かし、よりよい生活を創造しようとする生徒の育成―「なぜ」「どうしたら」の視点で生活をみつめ、「問い」をもって学びに向かう授業づくり」『精神的に自立した人間を育てるカリキュラム開発―教科する教科学習と省察性を高める人間道徳の実践を通して』（香川大学教育学部附属高松中学校研究報告）第5巻第1号、2021年、pp.115-124を参考に、筆者作成。

ンプのときに、食器を洗わなくてもいいようにサランラップを使ったよ」「うちの父親が消防士だから、ちょっと聞いてくるよ」「ちょっと前に同じようなテーマのテレビ番組を見た記憶があるから、そのテレビ局のホームページを調べてくるね」などの声があがる。最後に教師が「王道とも言える方法や、あっと驚く裏ワザなども大歓迎です。皆さんのアイディアを持ち寄って、豊かに生き抜くしなやかさを高めていきましょう」と投げかけ、その日の授業が終わった。

実践解説 ❶
「豊かさ」「しなやかさ」について考える

　自身の生活をふりかえり、よりよい生活の実現に向けて解決すべき課題を見出したり、その改善策を考えたりするための視点や力量を身につけることは、技術・家庭科の学習においても重要なポイントである。その際、「よりよい生活」とはどのような生活であるの

か、生きるうえで大切にしたい「豊かさ」とはどのようなものなのかについて考えることは、ESDを進めるうえで重要な視点となる。資源や時間の有限性を念頭に置くとき、物質的な充足のみを追い求めることでは、個人の生活も社会づくりも立ちゆかないという現実がある。また、自身の置かれている状況が多様に変化するものであるということを考えれば、そうした変化を受け入れ、対応しながら生活を創造していくという「しなやかさ」も求められる。

　本章で取り上げた技術分野の【実践❶】では、害虫や病気の発生という自然の営みを農薬という人工物を用いてコントロールしたり改変したりしながら農業を実践し、ひいては社会をつくるというかたちで用いられる技術ではなく、自然の性質を生かすというかたちで用いられる技術の存在に目を向けることをねらった。こうした知識もふまえながら、実践を通して「豊かさ」や「しなやかさ」について考えるとともに、それらを自身の生き方にどう生かすのかを考え、実践するための力量形成を図りたい。

　また、家庭分野の【実践❷】では、自然災害の発生という「避けようのない」状況において、生活の一部としての食事を、少しでも「人間らしい」「豊かな」ものとするための力量を形成することをねらった。このように、自身が生活するうえで大切にしたいことを意識し、急な状況の変化が起こった場合であってもそれを大切にできるようにするための「しなやかさ」を身につけることは、未来を予測することが困難な社会を生きる生徒たちにとって重要な課題の一つとなる。

実践解説 ❷ 人間の想像力と創造力を育む

　私たちは、よりよい生活やよりよい社会の実現をめざして、様々な研究や発見、それらに基づく技術の開発や革新などを行うとともに、それらを生かして様々な物を開発し、生活に生かしてきた。「技術」とは、実践解説❶で述べた「豊かさ」のあり方の模索や追求

を助け、また、「しなやかさ」を持って生きるうえで重要な役割を果たすのである。

　ただし、物質的な豊かさや経済的な豊かさの追求が推し進められてきた結果、環境破壊や資源の枯渇などの問題の深刻化や、社会の変化がもたらす人間関係の希薄化や心身の健康への悪影響などの様々な問題が生み出されてきたという面もある。さらに、科学技術が戦争や犯罪などに利用されることがあるということも、人類の歴史や現在を見れば明らかであろう。技術はその使用目的によって、人々の生活や社会を豊かで公正で持続可能なものにするためにも活用できるという「可能性」を有する一方で、人々の生活や社会を不安定なものにしたり破壊したりするためにも活用できるという「あやうさ」もあわせ持つ。そしてそれを方向づけるのは私たち人間であり、私たち人間の持つ想像力と創造力なのである。

　また、技術分野の【実践❶】で取り上げたように、古くから用いられてきた伝統的な技術には、自然との調和や共存を前提として経験的に精緻化され、受け継がれてきたもの、その効果や重要性が見直され、活用が進められているものもある。メディアの影響等により、ともすれば最新の技術や新製品に目を向けてしまいがちな現代社会において、伝統的な技術に目を向けることの必要性や意義、そこから学び、未来に生かすという視点や力量の育成にも取り組むことは、私たちの想像力と創造力を育み、よりよい社会のあり方を構想したり、その実現に取り組んだりするうえで、重要な要素の一つとなるだろう。

実践解説 ❸
個人の取り組みと社会全体での取り組みの重要性に目を向ける

　衣食住を含む自身の生活を直接的に創造するのは、私たち一人ひとりである。そのため、生徒一人ひとりが、自身の生活をふりかえり、その問題点や改善点を検討したり、具体的な改善策を見出したり、改善のための行動を起こしたりする力量を高めることは重要である。

周知のように、日本では、地震や台風などの自然災害が起きやすい。その発生を阻止したりコントロールしたりすることは、少なくとも現在のところは非常に困難であり、適切な対策を取りながら「共存」する道を探ることが不可欠である。本章で提案した「家庭分野」の【実践❷】では、災害時の食事をテーマに取り上げた。

　食事の役割は、栄養補給だけではない。他者と食事をともにすることで安心感や幸福感を得たり、家族や仲間との絆を強固なものにしたりすることも重要である。心身の疲労が蓄積しやすい災害時においても、様々な制約とうまく付き合い、乗り越えるしなやかさを育てたい。本実践では、食事をともにする家族の年齢や体調などを考慮した食事のとり方、活用可能な調理方法、効果的な食材の保存方法などについて、家庭分野の知識や技能を習得し、それらを活用しながら調理に取り組んでみることで、こうした力量を高めることをねらった。

　ただし、災害への備えや災害時の対応については、行政や民間企業等も含めて社会全体で取り組みを進めることも重要である。そうしなければ、自己責任論に陥ってしまう危険がある。本実践では、この点にも目を向けることの重要性を理解できるようにすることもねらった。個人の取り組みと社会全体での取り組みという視点の獲得は、教科・領域を超えて、ESDを進めるうえで重要なポイントの一つとなる（第9章も参照）。その視点をより強固で確実なものとするために、社会科をはじめ、他の教科・領域での学習活動と関連づけることも効果的であろう。

（木村　裕）

参考文献

・農林水産省生産局農業環境対策課「有機農業をめぐる事情」（令和2年9月）（https://www.maff.go.jp/j/seisan/kankyo/yuuki/attach/pdf/meguji-full.pdf : 2022年6月17日確認）。
・有友誠・福家亜希子「学びを生活に生かし、よりよい生活を創造しようとする生徒の育成 ―「なぜ」「どうしたら」の視点で生活をみつめ、「問い」をもって学びに向かう授業づくり」『精神的に自立した人間を育てるカリキュラム開発 ― 教科する教科学習と省察性を高める人間道徳の実践を通して』（香川大学教育学部附属高松中学校研究報告）第5巻第1号、2021年、pp.115-124。

第11章 英語表現からSDGsの理解をめざす 英語 の授業

本章のねらい

　SDGsの正式名はSustainable Development Goals。さっぱりわからない。日本語にすると「持続可能な開発目標」。やっぱりわからない。SDGsは日本人にとって、その意義を理解することはできつつも、言語感覚としては捉えにくい部分がある。

　外国語教育では文法事項や発音の習得と同時に、異文化との出会いによる感性の拡大も重視される。「中学校学習指導要領（平成29年告示）解説　外国語編」には、「『外国語によるコミュニケーションにおける見方・考え方』とは、外国語によるコミュニケーションの中で、どのような視点で物事を捉え、どのような考え方で思考していくのかという、物事を捉える視点や考え方である」（p.10）という一文がある。英語を通してSDGsを学ぶことは、従来の日本の感覚にはない「世界が物事を捉える視点や考え方」を学ぶチャンスになる。この点に注目していくつかの授業を構想してみる。

【実践 ❶】
英単語の調べ方を学ぶ課題にSDGsを取り上げる

　中学校の第1学年。本格的な英語学習が始まることに多少の緊張感を感じている生徒の顔が並ぶ。「辞書の使い方」は英語学習のオリエンテーションの一つとして行われるものだが、その題材としてSDGsに書かれている英語を使うことにする。

　SDGsの英語版を掲示し、「これはSDGs、国連が発表した『世界をよくするためのゴール』を集めたものです。今日はここにある英語を、辞書を使って調べてみましょう」と呼びかける。そしてはじめに、ゴール1 "No Poverty" で使われるpovertyを例に、辞書のしくみや引き方、書かれている内容について確認しながら調べさせる。そのうえで「前にNoがついているからこれは『貧乏がない』という意味になる。『よい世界』では、誰ひとり貧乏な人がいないことがめざされているのですね」と説明する。

　「では、他の言葉も調べてみよう。この中で知っている言葉はありますか？」と聞けば「zeroって数字の0でしょ？」「goalならわかるよ！」などの声が生徒からあがる。またhealthを教師が「ヘルス」と読めば、「ヘルシーのこと？」「ヘルシーって何だったっけ？」「体にいい、ってことだよね？」という会話が交わされる。"water"は「ウォーターでしょ？」という生徒の声に対して「むしろ『ワラ』と言った方がいいかもね」と教師が返せば、「へぇー！」という声があがる。一方、qualityやjusticeなど、生徒が全く知らない言葉もある。教師は生徒にこれらの言葉を振り分け、辞書を使ってその意味を調べさせる。

　調べ終えたらそれぞれ意味を発表し、共有する活動を行う。そして、「○組SDGs単語帳」をつくったり、拡大コピーを使って「○組SDGs日本語版」を作成したりするなどの活動にもつなげていく。そうした活動の過程で、SDGsの日本語版と比べて「辞書にはそんな言葉は書かれていない」と気付く生徒が出てきたため、英語と日本語の表現のちがいや考えのちがい、さらに世界の状況のちがいを学ぶ学習にも踏み出していった。

【実践 ❷】
sustainableの感覚をつかませる

　中学生として生活することにすっかり慣れた第2学年。ここでは「持続可能な」を意味するsustainableを入り口として、SDGsの精神を感覚的に理解する授業に取り組む。教科書に掲載されている環境や平和などの世界の問題やその解決に取り組む活動を取り上げた教材と関連させるかたちで、次のように授業を展開していく。

　「SDGsは『持続可能な開発目標』と言いますが、日本語にしても全然わからないよね。特に私たちに一番なじみのないことばは『持続可能な』だと思います。その部分は英語でsustainable。これはsustainという動詞に"〜できる"という意味のableがついた言葉です。ここで、まずsustainを調べてみよう」と話し、辞書を使って調べさせる。生徒から「"維持する"です」という声があがれば「そうだね。では、今度は"維持する"の英語訳を調べてみてくれる？」と返す。そうすると出てくるのはmaintain。とまどう生徒に対して、教師はさらに続ける。「これ、私たちがメンテナンスとかで使う言葉の動詞形。では、sustainとmaintainは何がちがう？」「？？？」

　ここで教師は、次の文例を示す。

・We maintain our health by working out or sleeping eight hours.／私たちは運動することや8時間寝ることで健康を維持している。

・We sustain ourselves with food.／私たちは食事によって命を維持している。

　そして、maintainが「何か特別なことを行うことで維持する」ことであるのに対して、sustainは「特別なことをせずに維持する」ことであること、つまり両者のちがいとは、「維持する」ために何か特別なことをするのか、しないのかのちがいであることを示す。

　「だからsustainableは『普通にしていても維持できる』状態、つまり自分たちでやっていける状態になることです。でもまだ世界はそうなっていない。それは私たちがmaintainをしてきたからではないか？だからこれからは、sustainableになることに取り

表11-1　黒板に貼る課題例

	problems =起きている問題	maintenances =今まで行ってきたこと	その問題	sustainable development =自分たちでできる状態	その実現のためにしていくこと
貧困（ゴール1）	豊かな生活ができる人がいる一方で、今日の食事もないような人もいる	・豊かな国からの経済的な援助（お金、道路・工場など） ・個人の寄付など	・援助なしで生活できない ・全員に援助がいきわたらない	誰もが援助なしでも暮らせる（食べ物やお金がある）	・自分で食べ物を作る力をつける（農業、漁業） ・仕事につくための力をつける（勉強、技術など）

出所：筆者作成。

表11-2　生徒に提示した問題の一覧

	problems =起きている問題	maintenances =今まで行ってきたこと	その問題	sustainable development =自分たちでできる状態	その実現のためにしていくこと
飢餓（ゴール2）	・飢え死にする人や栄養が足りない人がいる	・餓死寸前の人に栄養水（経口補水液）を与える ・食料を与える			
教育（ゴール4）	・働かなければならないから学校に行けない ・学校も教科書もないし先生もいない	・子どもが働くのを禁止する ・学校を建て、教科書を配り、先生を派遣する			
安全な水とトイレ（ゴール6）	・安心して飲める水がない ・感染症が広がる	・水道を作る ・医者を派遣して感染症を抑える			
まちづくり（ゴール11）	・水道や電気、道路などがない ・治安の悪い地域が出来る	・水道やミニ発電所、道路などを作る ・犯罪を取り締まる			
モノづくり（ゴール12）	・生活用品がない ・捨て方がわからない	・生活用品を与える ・安いプラスチック製品や使い捨てのモノを売る			
動物の保護（ゴール14、15）	・絶滅寸前の動物がいる ・取りすぎで魚が減っている	・動物園や保護区を作って守る ・養殖で魚を増やす			

出所：筆者作成。

組んでみよう、というのがSDGsの考え方なんです」と話し、**表11-1**を黒板に貼る。

　表には検討すべき問題とそれに関連するゴール（ここでは、「貧困（ゴール1）」、および、その問題について考えるべき項目が示されるとともに、太字の部分がすでに書かれている。「今まで行ってきたことはmaintainだった。何が問題？」「では、sustainableな状態ってどんな状態？」「そのためにはどんなことをすればいいの？」と聞きながら残りを作成していく。

　次に生徒たちに、六つの問題（**表11-2**）を提示し、班ごとに一つの問題について考えるよう指示する。生徒は班になり、担当するそれぞれの課題について「problems＝起きている問題」と「maintenances＝今まで行ってきたこと」の内容を読み、「その問題」「sustainable development＝自分たちでできる状態」「その実現のためにしていくこと」を考え、その内容を発表する。

　最後に教師から「『持続可能』という言葉を覚えるより、直接こうして感覚でつかみましょう。sustainableはこれからの世界を変えるための最重要の言葉ですから」と話す。

【実践❸】
英語表現を使ってSDGsのゴールをプレゼンテーションする

　英語学習にも十分に慣れ、自分たちの進路に夢を持つ第3学年。卒業後の新しい生活の中で英語を使って自分を表現してほしい、そしてSDGsへの関係を持ち続けてほしいと思う。そこで、17のゴールと169の具体的なターゲットを読んだうえで、英語表現を使ったプレゼンテーションを行う学習を進めることにする。

　学習は、①各生徒が17のゴールから関心のある分野を選び、理由を交流する、②教師はゴール別にグループをつくり、それぞれのターゲットを渡す、③生徒はゴールとターゲットを読み、それをもとに「実現すべきゴール」「ゴールを達成するための行動」「自分が参加できる部分」について英語のプレゼンテーションをつくる、の順で進める。

表11-3　プレゼンテーションに使える英語表現例を示す補足プリント

プレゼンテーションに使えそうな英語表現	
日本語	使える英語表現
私たちはゴールの○番、□□の話をします	Let me talk about No.○、□□
今私たちには〜という問題があります	We have proplems with〜
SDGsには……と書かれています	SDGs says……
もし……すれば、どんどん〜〜になるでしょう	If we ……、it will be〜er and 〜er
▽▽をしたが、うまくいきませんでした	Though we did ▽▽、they didn't work
これから世界は……になるべきです	The world should……
私たちにできることは……です	What we can do is……
そうなるために、◇◇していきましょう	To make it come true, let's ◇◇!
ぜひあなたも協力してください	Please join us!

出所：筆者作成。

表11-3のようなプレゼンテーションに使える英語表現例を示す補足プリントを渡し、作成を助ける。

　「○番から○番までは▽▽さんに頼む！そこから先は私がするわ」「reduce、しょっちゅう出てくるなぁ」「単語は調べたけど、どうつなげて文にしたらいい？」「○○って、英語でなんて言うの？」などの会話が生徒の間で交わされる。また教師も「それを効果的に伝えるいいイラストはないかな？」「このフォントをもっと大きくしてみよう」「ここは▽▽っていう英語を使えばうまく言えると思うよ」などの助言を行いながら積極的に作成に関わる。そして最後に発表会をして共有し、英語を使ったプレゼンテーションを学ぶだけでなく、SDGsに対する生徒の意識をさらに高めることをめざす。

実践解説 ❶
英語およびSDGsとの出会いを前向きなものにする

　中学校での英語の授業のオリエンテーションとして、辞書を使った英単語調べを行うこ

とは多い。その題材にSDGsを使い、SDGsとの「初めての出会い」をさせることが、【実践❶】における本時の目標である。

　この「初めての出会い」という活動には非常に重要な意味がある。なぜなら第一印象というものは、その出会った人や事物などに対する人の感じ方に、後々まで、大きな影響を残すからである。例えばアフリカとの最初の出会いが「飢えた子ども」であったなら、人は「アフリカ＝貧しい」という固定イメージに縛られてしまう可能性があるだろう。生徒は中学校での３年間の中で、平和、人権、環境など、今までに出会う機会が少なかった（あるいは、ほとんどなかった）多くの事象に出会う。その時の印象をできるだけよいもの、前向きになれるものにしておくことは、後々にも好影響を与えることになる。

　そしてそれは、SDGsについても同じである。SDGsが学校だけではなく企業や官公庁、メディアなどでも扱われ、その達成に向けて取り組まれていることに鑑みれば、この授業の後も生徒は、様々なかたちでSDGsにふれることになるだろう。そして、もしも学校の授業でSDGsおよびそれをめざす国際社会に対して、明るく希望のあるものという印象を持つことができれば、その後に耳や目にしたSDGsの情報に対して素通りすることはなくなるだろうし、前向きな関心を持つ生徒も現れやすくなるだろう。だからここではSDGsのもつ希望の面を強調し、「世界をよくするための英語」と紹介したい。それと同時にこうして英語を学ぶことが、世界をよくする手段の一つとなることも感じさせたい。

実践解説 ❷
日本語に翻訳しにくい言葉から国際的な考え方を学ぶ

　第２学年向けの【実践❷】は、sustainable（持続可能な）という、日本語に訳してもよく理解できない言葉を感覚的につかむことで、SDGsの内容を深める学習である。このような「直訳できない言葉」を知ることによって、生徒は言語の背景や多様性に気づいたり、言語に対する興味関心を高めたりすることができるだろう（なお、sustainable以外

の、日本人にはなじみのない表現を使った授業例については、コラム⑪も参照）。

　注目したのはsustainとmaintain（ともに「維持する」）のちがいである。自力で維持（sustain）できれば、長期にわたって福利を得られ、またそれを享受する人も増える。それを教師が説明するのではなく、生徒の話し合いを通して感覚として理解させることが本時の目標である。そのため、前半の教師主導の部分はできるだけ簡潔に進め、生徒が各ゴールにおけるsustainableの実現を考える話し合いに多くの時間を割きたい。

　また、様々なものをsustainableにするための方策は無数にあり、その点では教師もまた生徒と共にアイディアを出す存在になることができる。教師が出した意見に生徒が感銘を受けることもあるだろうし、逆に予想もしなかった意見を生徒から聞けて教師が感動するという体験もできる。答えのない課題を生徒と共に考えてみるこの授業は、教師にとっても大きな楽しみであり刺激になるはずだ。

　ただし、今の世界には「自分たちでする」ところまで達することができない人や地域、国も多い。すでに「自分たちでする」レベルに達している人たちはできない人への援助を惜しまない、ということの大切さも伝えたい。

実践解説 ❸
発表を通して具体的な活動内容を理解する

　【実践❸】は、SDGsの各ゴールに関するプレゼンテーションを通して、そのゴールとそれを実現するための方法をより深く理解するための学習である。生徒が関心のあるゴールを選び、より深く学ぶことで、SDGsへの興味がさらに深まり、その達成に関わりたいと考えるようになることを期待している。また、第3学年でもあるので、プレゼンテーションに有効な英語表現を学ぶ機会ともしたい。

　SDGsの理念である「誰一人取り残さない」には、"No one will be left behind" と "Leave no one behind" の二つの表現が見られる。英文法的に言えば前者は受け身の未

来形であり、意味的には『誰一人取り残されない』となる。一方、後者は使役形で『誰一人取り残さない』である。このno oneが同じであることを考えれば、SDGsは主体も客体も「国」「政府」などではなく「（私も含む）すべての人」であることがわかる。これは第1・2学年では理解しにくいものであるため、最終学年である3学年で伝えたい内容である。

　また、SDGsのカラフルな17のゴールを見る機会は多くあるが、個々のゴールの本文（例えばゴール1 "No Poverty" は、正式にはEnd poverty in all its forms everywhere.）や具体的なかたちで個々のゴールを説明するターゲットまで読むことは少ないだろう。英語への習熟度が高まる3学年だからこそ、各ゴールをより具体的なかたちまで学習させることに取り組みたい。

　私たち一人ひとりの力は限られており、SDGsのすべてのゴールへの貢献は難しい。しかし、いずれか一つのゴールなら貢献できる可能性は高くなるし、さらにそのうちの一つのターゲットであればその可能性はさらに高くなる。生徒全員に、「私にも何かできるかもしれない」という想いを持って卒業してもらいたい。

（井上陽平）

参考文献
・日本ユニセフ協会「SDGs CLUB」のウェブサイト (https://www.unicef.or.jp/kodomo/sdgs/：2022年6月20日確認)。
・朝日新聞デジタル『SDGs 169 targets アイコン日本語版制作プロジェクト』2020年（ https://www.asahi.com/ads/sdgs169/#top：2022年3月21日確認)。
・たかまつなな『お笑い芸人と学ぶ13歳からのSDGs』くもん出版、2020年。

コラム ⑪ SDGsには日本語に訳せない言葉がいっぱい

　SDGsの中には"sustainable（持続可能な）"をはじめ、適切な日本語訳がないが国際的には重要な意義を持つ英単語が多く含まれている。英語に興味があれば、そうした単語から授業を発想してみてはどうだろう。例を挙げよう。

①**development**：直訳は「開発」。「新製品の開発」のような使い方だと「何もないところから生み出す」という「発明」に近い意味になるが、ここでは「都市の再開発」や「能力開発」など「発展」に近い意味になる。SDGsでは後者の意味が強いだろう。そこから「まだ気付かれていない力を探す」「隠れている力を発揮させる方法を考える」などの視点で、今ある課題を解決する方法を考えてみる取り組みが可能だろう。

②**well-being**：最近は「マインドフルネス」同様、心身の健康を意味する言葉としてそのまま使われるようになっている。"He speaks English well."などで使われる「よい」と、特徴や性質を示す"be"の組み合わせであることを理解し、例えば「『よい私』ってどんな私なの？」という質問をしながら、生徒が持つよりよい人や社会のイメージを交流する取り組みはどうだろう。

③**sanitation**：日本版（邦訳）では「トイレ」が強調されているが、本来の意味は「衛生」、つまり、あらゆる場所の衛生環境を意味する。例えば生徒に「トイレ以外で『衛生的』でなければならない場所はどこだろう？」と問い、スラム街やごみ集積場など、衛生環境が悪い場所で暮らす人々を知る授業も可能だ。また、開発途上国での手洗い運動や環境教育などの取り組みの紹介もできる。

④**decent**：日本版では「働きがい」となっているが、直訳は「（法的、社会的に）適切な」である。そのことを知れば、「対価が公平」や「地位の安定」などの労働条件が重視されていることが見えてくる。この言葉をきっかけにして、児童労働、長時間労働、ワーキングプア、不安定な仕事、危険な仕事など、労働者をめぐる問題が、日本、世界を問わず存在していることを学ぶ機会にできるだろう。

　体育科の教師がSDGsのG＝goalの説明の時、「サッカーでもバスケットでもゴールの前にはアシストがあるでしょ？アシストは日本語で言うと『支援』。すべての人がゴールを決めるには誰かのアシストがいるんだよ。では、あなたはどんなアシストをするか考えてみよう」と授業を進めたことに強い感銘を受けた。体育科ならではの発想が生かされた素晴らしい発言だと思う。このような場面が現場から多く生まれてほしい。

（井上陽平）

第12章 「平和」「人権」「貧困」の意味を問い直す 道徳 の授業

本章のねらい

　ここでは道徳の授業で、SDGsを考える時に重要な柱になる「平和」「人権」「貧困」の意味を問い直す取り組みを取り上げる。「中学校学習指導要領（平成29年告示）」では、「特別の教科　道徳」について、「道徳的諸価値についての理解を基に、自己を見つめ、物事を広い視野から多面的・多角的に考え、人間としての生き方についての考えを深める学習」を通して、「道徳的な判断力、心情、実践意欲と態度を育てる」（p.154）ことを目標とするとある。これをSDGsの学習に当てはめ、「持続可能な開発」という価値を基に、自分の周りおよび世界の状況を学んだり多くの人と意見を交流したりすることを通して、多面的・多角的に経済、環境、人権、平和などの意味を捉え、そのゴールの実現に自ら参加する意欲と態度を育てることをねらいとして本章の授業を構想した。

【実践 ❶】
あなたの平和と私の平和はちがう

「平和がいいと思う人」と聞けばほとんどの生徒が手を挙げる。そこでさらにこう聞いてみる。「おそらく世界中のほとんどの人は平和を望んでいるはず。なのになぜ、この世界は平和にならないの？」「………」。

次に、航空ショーでハート型の飛行機雲が描かれる写真を提示する。「これを見て『素敵だな。平和な気持ちになるな』と思う人もいます。その一方『飛行機雲をつくっているのは、本来爆撃をするためにつくられた戦闘機。そう思うと平和な気持ちにはなれないな』と思う人もいます。今日は平和について、もう少し深く考えてみましょう」。

教師はいくつかの写真を提示し、生徒はそれを見て「平和」か「平和ではない」かを選び、その理由を話し合う。見せる写真の例と生徒の会話は**資料12-1**のとおりである。

意見交流の後、教師から以下のように話す。「『私の考える平和』と『あなたの考える平和』はちがう。だから放っておいても平和にはならない。平和になるためには話し合って、自分と相手の考えのちがいに気づき、それをすりあわせなければなりません。平和は『守る』ものではなく、その場その場で『つくる』ものなのです」。

納得したようにうなずく生徒もいる一方で、「そんなこと言ったって」という表情を浮かべている生徒もいる。それを受けて、「でも、どうしても合わない人って、いるよね。

資料12-1　写真の例と生徒の会話

・パンダの模様に染色をされた犬

「染めるのは飼い主の愛情だから平和」⇔「犬本来の生き方ではないから平和ではない」

・サッカーの試合での乱闘

「あくまで試合中の出来事だから平和」⇔「サッカーで勝負すべきだから平和ではない」

・アンパンマンのアンパンチ

「悪は罰せられるべきだから平和」⇔「暴力による解決だから平和ではない」

話し合いをすると正直、腹が立ってくることもある。そんなときにはどうしたらいい？」
と聞いてみる。生徒からは「いったん離れる」「誰かに間に入ってもらう」「直接話すの
はイヤだから手紙で渡す」などの意見が出てくる。最後に教師はこう話す。「そうですね、
絶交してしまえばもうよくなることはない。だからどんな相手とも話し合いのチャンネル
は残しておきたいね」。

【実践 ❷】 どうしてあなたは字が書ける？

　ワークシートを配ると、生徒はいつものようにそこに名前を書き始める。それを見た教
師からの、「ちょっと待って！今日はいつもの手とは逆の手で名前を書いてください」と
いう声。利き手ではない手で字を書くことはむずかしく、生徒はわいわい言いながら字を
書き始める。その姿を見て教師から、こんな問いを出す。「皆さんが字を書き始めた小さ
いころ、そんな字だったはずです。でも今の皆さんはすらすらと名前が書ける。どうし
て？この10年くらいの間に皆さんには何があったの？」。

　生徒に数枚ずつの紙を渡し「皆さんが字を書けるようになった理由を思いつくままに書
き、テープをつけて黒板に貼りに来てください。紙が足りなくなったら言いに来て」と指
示する。すぐに使い果たし「もっと紙ちょうだい！」と言う生徒、「うわっ！先に書かれ
た！」と言って書いた紙をくしゃくしゃにする生徒など、様々な姿が見られる。

　ある程度出そろったところで、整理をはじめる。「道具で固めよう」「人間ばかりで集
めてみよう」「あれとこれ、同じことじゃない？」など、生徒の意見も様々だ。そうした
意見を取り入れながら一通り整理し、教師は生徒にこう話す。「字が書ける、という裏に
はこれだけのことが必要だってことですね。ではもう1回別のかたちで整理してみよう。
これを『自分の努力でできたこと』と『自分以外の人の努力でできたこと』にわけてくだ
さい」。

生徒の意見を再び聞きながらわけていくが、生徒は次第に「自分の努力でできたこと」が
ほとんどないということに気づきはじめる。鉛筆があった、学校があった、教えてくれ
る人がいた、宿題をする時間があった、ごはんがあった……。そこで教師は語りかける。
「字が書けるようになるにはこれらの条件が必要です。もちろん努力や工夫で何とかなる
こともあるけれど、みんながらできるものではない。だから字が書けない人を見たときに私
たちは『こいつはアホか』と思うのではなく……」、続きは生徒が考え、発言する。

　最後に教師がSDGsのゴール4「質の高い教育をみんなに」のターゲットにはどこにも
「子どもががんばる」とは書かれておらず、すべて条件の整備であること、「質の高い教
育」はむずかしいことを学ぶのではなく「必要なものを学ぶ」ことであること、の2点を
説明する。生徒の振り返りシートには「なぜあなたは字が書けるのですか」「なぜ字が書
けない人がいるのですか」「この授業で学んだことは何ですか」「あなたがこれからする
ことは何ですか」などの項目を書いておく。なお、時間があれば、ユニセフや「SDG4教
育キャンペーン」（https://www.jnne.org/sdgs2022：2022年6月30日確認）などの識
字教育についての教材を加え、さらに理解を深めたい。

【実践 ❸】 世界はすでにつながっている

　「これ、知っている人いるかな？」と言いながら黒板の左端にカードゲーム「ムシキン
グ」のカードを拡大したものを貼る。世界中の虫を使ったバトルゲームであることを紹介
すると、知っている生徒がさらに、その魅力を熱く語ってくれる。次に右端にサンパウロ
の街にいるホームレスの写真を貼り出す。生徒は「？？？」だ。

　教師は「片方は日本でのゲームブーム。もう片方はブラジルの社会問題。この二つは実
は関係しているかもしれない、と考える人がいます。もしもそうだとしたらこの間には何
があったと考えられる？」とたずねる。「本当の虫が欲しくなったんじゃない？」「あの人

資料12-2　生徒に示したカードの一覧

① 虫を扱う店が増える	② ムシキングブームが終わる	③ 本物の虫が欲しくなってくる
④ 現地の人が虫が高く売れることを知る	⑤ バイヤーが世界で虫を買い始める	⑥ 農民は都市に出たが仕事はない
⑦ 農民は畑や土地を虫の養殖場に変える	⑧ 農民は養殖場を手放し都市へ出る	⑨ 虫を買いに来る人が来なくなる

出所：筆者作成。　　　　　　　　　　　注：答えは③→①→⑤→④→⑦→②→⑨→⑧→⑥

たちの仕事がなくなった？」など、生徒からは自由な発想が出てくる。

　次にカード（**資料12-2**）を配り、「このカードを使って、この二つの出来事の間に起こったストーリーを考えてみよう」と指示する。生徒は小集団になり、相談をしながら順番を考えていく。

　「こういう社会のことをグローバル社会といいます。そこではあなたの行動で世界が変わり、世界の動きであなたの行動が変わります」と返し、ほぼ同様の動きがあったナタ・デ・ココブームや1993年の日本のコメの不作がタイ米の買い占めにつながり、例年タイ米を買っていた国々に飢餓が起きた事例を紹介する。初めて聞く話に、生徒からは「そんなん知らんかった」「知ってたらブームに乗らなかったのに」などの声があがる。

　次に教師は「もう一つ質問。どうしてこんなことになってしまったんだろう？この変化の中で最大のターニングポイントはどこ？」とたずねる。生徒はそれぞれに考えをめぐらせ、その理由とともに発表していく。出てきた意見は、大きく分けて以下の三つに集中する（丸付き数字は**資料12-2**による）。

③：本来日本にはいないものを実際に欲しがってしまう日本人が問題。

⑦：一過性のブームなのに養殖場をつくり、借金を抱えてしまうブラジルの農民が問題。

⑥：ホームレスになってしまう人を救うための制度がないブラジル政府が問題。

　生徒の意見を一通り聞いた後、教師は、最大多数になった⑦の意見を取り上げ、「ここをもう少し考えてみよう」と話す。その結果、次のようなやりとりが教師と生徒の間で交

わされる。「あなたなら同じことをする？」「しない」「どうして？」「だってブームは終わるから」「この人たちはこれがブームだって知っていたのかな？」。

　ここで生徒の何人かはハッとした顔をする。彼らには情報を知る手段があるのか、また、情報を理解できるのか。生徒はここにある情報格差や教育格差に気づきはじめる。

　さらに「では、知っていてあえてするという可能性はある？」と聞くとほとんどが「ない」と答えるが、「いるんじゃないかな」という生徒も出る。「どんな人？」「とにかく金がほしい人」「なぜそんなに金が欲しいの？」「貧しかったのかも」というやりとりから、多くの生徒が貧困によって冷静な判断力が失われていることの可能性に気づきはじめる。

　このようなやりとりを受け、教師はまとめとして3点を確認する。

・世界はすでにつながっている。自分の行動と世界との関係を意識すること。
・貧乏には、持っているお金の差だけでなく、情報や教育の差も含まれること。
・貧乏な状況に置かれれば、冷静な判断力もなくなること。

　「これらをもっと深く考える方法の一つとして」と言ってSDGsのゴールを出し、「今日勉強した話と関係がありそうなゴールはどれ？」と聞く。生徒は多くの項目が関係することに気づいている。教師はこう話す。「世界はつながっていい。でもつながることで何かを失うのではなく、何かを得られないと意味がない。そうなるための行動の指針はもうこうして出ている。あなたが貢献できるゴールはどれ？」。

実践解説 ❶
平和を「守る」から「つくる」に転換する

　【実践❶】は、平和に対する多様な考えにふれることをめざした授業である。学習指導要領に示されている道徳の内容項目では、「相互理解、寛容」「公正、公平、社会正義」などが関連する。終戦から80年近くの時が過ぎて体験者も高齢化し、またテクノロジー

の発達で戦争のスタイルも変化する中、従来の「悲惨な戦争を二度と繰り返さない」というかたちの平和学習は曲がり角に来ていると考えられる。その状況に対して、「未来の平和」について考えることを提案するのが本実践である。もちろん未来に何が起こるかはわからないから、ここは原点に戻って「私の平和とは何か」について考え、意見を交流し、どのような事態にも対応できるようにすることをめざしている。

　本授業で生徒は、自分とは全くちがう平和観を持っている人に出会い、何となく「平和になりますように」「いつか平和になるだろう」と思っていた自身の平和観を見つめ直すことを迫られる。また、そうした平和観の異なる人たちとの間で何とか妥協点を見つけようともするが容易には見つからず、苛立ちを覚えることになる。さらに、そこで終わるのではなく、どうすれば決定的な対立をせずにいられるのかを次第に探し始める。これらの行動こそが平和構築のプロセスなのではないだろうか。筆者はそう考えるからこそ、「平和は守らず、つくるもの」というメッセージを加えている。

　また、未来の答えはないから、必然的に教師も生徒と一緒に考え、意見交流に参加をせざるを得ない。この実践は教師にとって、ファシリテーターとして意見交流を活発化させながら、生徒と共に自らの考えを深める機会となるはずだ。

実践解説 ❷ 問題解決を「思いやり」から「条件の整備」へ転換する

　【実践❷】は、人権学習などで行われてきた識字についての学習に、SDGsのゴール4「質の高い教育をみんなに」を加えるかたちで進める授業である。強調したい点は、「質の高い教育」の目標は「学習内容」ではなく「学習環境」の整備であり、本人の努力や周囲の支えに焦点を置かないことである。そのため、学習指導要領における道徳教育の内容項目で言うなら「相互理解、寛容」「公正、公平、社会正義」に力点があり、「向上心」や「克己と強い意志」「家族愛」などは対象にはならない。

もちろん、厳しい環境の中でも血のにじむような努力をして功成り名遂げる人はいる。そのこと自体は素晴らしいことだが、誰もができることではない。SDGsの理念は「誰一人取り残さない」であり、これはつまり、誰もができることが対象であることを意味している。本人の努力を強調しすぎると自己責任論につながってしまう危険性を意識したい。

　ここで参考にしたいのは、障害を、「本人の能力」の問題ではなく「社会の条件がつくり出している」と考えるインクルーシブ教育の考え方である。非識字についても、貧困や戦争などで文字を学ぶ条件が揃っていない＝「社会がつくり出しているもの」として捉え、「努力」や「支え合い」という心情面ではなく、社会条件の整備によって解決することを考えたい。

　また、この考えが身につけば、何か問題のある行動を取る人に対し、その人を責めるのではなく環境が整備されていないのではないかと考える習慣を身に付けることにつながるはずだ。誰もが誰をも非難し合いうる現代にあって、何か問題のある人を見かけたときに「何があったんだろう？」と考える想像力とその解決を考える行動力を身につけさせたい。

実践解説 ❸
グローバル社会の欠陥を是正する

　2000年あたりを境に、世界の急激なグローバル化が進んだ。もちろんグローバル社会には様々な弊害があるが、今さら元へは戻れない。SDGsはグローバル化の弊害を是正するだけでなく、むしろグローバル化を利用して世界の問題を解決しようとする試みだと捉えて構想したのが、【実践❸】である。ここでは、道徳教育の内容項目のうち、特に「公正、公平、社会正義」「社会参画、公共の精神」「国際理解、国際貢献」を対象としている。

　ここでは①用語としては知っている「グローバル社会」を身近な例を通して実感できる、②グローバル経済の弊害である格差（経済だけでなく情報や教育も含め）の拡大に気

づく、③その解決法としてSDGsを改めて見直す（または出会う）、の三つの目標を設定している。そうすることで、今後生徒が何らかの行動をする時に、少しでも世界の状況や手にした製品の背景に興味を持つ習慣、およびその解決方法を考える際にSDGsが一つの参考になることを想起できる習慣を身につけさせたい。

　本章を読んで「これは社会科なのでは？」と感じた方も多いだろう。確かに社会科で取り組まれることの多い内容ではあるが、筆者は専門性という「縦割り」で世界を見る時代は終わったと考える。目的は諸問題の解決であり、社会科でもいいし、総合的な学習の時間や道徳など、どの方面からでもアプローチするという思考を持つことが今後必要になるだろう。

　なお、【実践❶】と【実践❸】の授業は、SDGsが登場する以前から国際理解教育の分野で多くの実践を積み重ねてきた大槻一彦先生（元京都市立堀川高等学校）の取り組みを基に、筆者がアイディアを加えたものである。長い歴史を持つ国際理解教育や平和教育、人権教育などの優れた実践を紐解くことは、SDGsを扱う授業づくりのヒントを得るうえで有効だろう。

（井上陽平）

参考文献

・伊東剛『なぜ戦争は伝わりやすく平和は伝わりにくいのか　ピース・コミュニケーションという試み』光文社新書、2015年。
・西原理恵子「うつくしいのはら」『いきのびる魔法―いじめられている君へ』小学館、2013年。
・山本はるか、井上陽平「中学校社会科における『ムシキングカードから世界を見る』授業プラン」『帝塚山学院大学教職実践研究センター年報』創刊号、2016年、pp.23-42。
・ERIC国際理解教育センターHP (http://eric-net.org/index.html：2021年3月21日確認)。

SDGsとMDGsのちがい

　SDGsの前身となったのが、2000年の国連ミレニアムサミットを経て2001年に発表されたMDGs（Millennium Development Goals：ミレニアム開発目標）である。MDGsは極度の飢餓と貧困の撲滅、初等教育の達成、出産時の幼児・妊産婦の死亡率の改善、HIVやマラリアなどの疾病の蔓延防止などの八つのゴールを2015年までに達成することをめざしたものだった。すべてを達成することはできなかったが、貧困層の減少、初等教育率の上昇、HIVやマラリア患者の減少など、多くの面で成果を残すことができた。

　しかし、世界がMDGsに取り組んでいた15年間に大きな変化が起きた。開発途上国だけでなく、先進国でも経済的・社会的な格差が広がったのだ。「開発途上国が抱える問題を先進国が援助する」という面があったMDGsでは対応できない人たちがいたことに世界は気づいた。そのため、SDGsは「誰一人取り残さない」という理念のもと、開発途上国・先進国に関わらず、共通して存在する課題の解決をゴールとしている。例えば「働きがいも経済成長も」（ゴール8）、「つくる責任つかう責任」（ゴール12）、「平和と公正をすべての人に」（ゴール16）などからは、どの国でも達成されるべきゴールであることが想起しやすいだろう。

　そしてもう一つ、MDGsとSDGsには大きなちがいがある。それは「誰が」ゴールを達成するか（主体）である。MDGsの主体は先進国の国家あるいは自治体だった。しかし、SDGsはそのゴールおよび支援する人の多様さから、国や自治体はもちろん、企業や個人も主体となることを求めている。つまり、取り組むのも救われるのも「わたし」なのだ。多くのSDGs研修で「ジブンゴト」という言葉が使われるのは、そのためである。

　それゆえ、一般レベルではほとんど取り組みのなかったMDGsと比べ、SDGsは現在、国や自治体だけでなく、企業の研修や学校の授業でも多く取り上げられている。ボードゲームやカードゲームを使ってSDGsを理解するという教材が登場したり、お笑い芸人がSDGsをネタとして取り上げたりするなど、その広がりは非常に大きい。

　最近では、SDGsに取り組んでいるように見せかけているが実態が伴っていない人や企業を揶揄する「SDGsウォッシュ」という言葉まで登場した。それは逆に言えば、もはや学習するにせよ働くにせよ、社会生活を営む上でSDGsと無縁ではいられない時代が来ているということなのだろう。

（井上陽平）

第13章

持続可能な社会の方向性を模索する
総合的な学習の時間

本章のねらい

　ESDはSDGsとの関係で、ともすればグローバルな視点から語られる場合も多い。もちろん、一人ひとりが一つの地域の住民としての意識だけではなく、地球市民としての意識を持つうえで、グローバルな視点からESDを行うことは欠かすことができない。ただ、実際に授業を行う場合、グローバルな視点のみで進めると、生徒の理解が社会の問題や課題の把握にとどまり、自分の生活に結び付けて考えることが不十分なままに学習を終えてしまう場合がある。本章では、そうした課題を乗り越えるため、生徒にとって切実性の高い地域社会を題材に、持続可能な社会の方向性を模索する実践を紹介していきたい。

【実践 ❶】
自分の興味があるところから地域を調べる

　1枚の写真（**写真13-1**）を生徒に提示するところから、8時間にわたるこの単元の授業が始まる。

> 教　師：これは僕が先日食べたものです。一体何でしょう？
> 生　徒：コロッケかな？
> 教　師：正解です。これは「沖島よそものコロッケ」という商品です。一体何が入っているかわかりますか？
> 生　徒：「よそもの」というぐらいだから、外来魚？
> 教　師：正解です。このコロッケにはブラックバスが利用されているのです。
> 生　徒：臭そう！
> 教　師：問題視されているブラックバスを、あえて商品として売り出しているのですね。

写真13-1
生徒に提示した写真

出所：筆者撮影。

　ここから、「琵琶湖と関わる機会」や「琵琶湖の好きなところ、嫌いなところ」をたずね、生徒の琵琶湖に対する素朴な感情を確認する。

　その後、琵琶湖や滋賀県の基礎的な情報をふまえたうえで、これからの学習の方向性を生徒に伝える。その要点は、以下の3点である。

　①　学級で「これからの滋賀県を考える会議」を行い、滋賀県がこれから何を大切にしていくべきかを考えていくこと
　②　その後、今後の滋賀県のお金の使い方を検討すること
　③　「これからの滋賀県を考える会議」に参加するために、琵琶湖について様々な角度から調べ学習を行うこと

　以上の3点を伝えたうえで、琵琶湖について調べ、学習のテーマを決めていく。その際、漠然とテーマ設定を行わせても生徒がテーマ設定に困難さを感じることが予想される

ため、教師から選択肢を提示する。提示するテーマは「水道水」「バス釣り」「観光」「生態系」「漁業」「琵琶湖大橋」の六つである。6人1組の班で、生徒は六つのテーマから自由に選んでもよいし、自分なりに調べたいテーマがあれば、そのテーマで調べてもよいこととする。6人の調べるテーマが被らないようにすることだけ、ルールとして定めておく。そして、授業の終結部でテーマの役割分担を行い、次の時間の学習につなげていく。

その後、各班での役割分担を行い、生徒は設定したテーマに基づいて調べ学習を行う。調べ学習を行う際、生徒には結論として「これからの滋賀県は○○を大切にしていくべきだ」という1文を入れることを指示する。1時間目を使ってインターネットで情報収集をした後、2時間分の授業を使って、情報取集した内容を発表できるように、プレゼンテーションソフトを活用して資料を作成していく。そして次の時間に各テーマの発表を行う。

生徒からは「琵琶湖のまわりにある多くの観光名所」「バス釣りを使って観光客を呼び寄せる全国の湖の調査」など、様々なテーマが出てくる。クラスの仲間の発表を聞くことで、生徒たちは自分とは異なる角度から滋賀県を知るのである。

【実践 ❷】 これから自分たちが住んでいる地域にどうあってほしいかを話し合う

続いて、いよいよ、「これからの滋賀県を考える会議」の開催である。会議を始めるにあたって、まずは質問を行う（**資料13-1**）。

質問に際しては、各選択肢の関わり合いを意識させるため、「ダイヤモンドランキング」（**資料13-1右側**）を活用している。ダイヤモンドランキングを活用すると、1番上に置く選択肢が同じでも、生徒間でそれを支える下位の選択肢が変わってくる。生徒には、理由の書き方も補足しながら、ていねいに自分の思いを文章で書かせていく。

「私は『安心できる生活』をランキングの一番上に置きました。私の母は京都に働きに

資料13-1　会議を始めるにあたっての質問

> Q　あなたが「これからの滋賀県を考える会議」のメンバーだとしたら、次の選択肢のどれを
> 　　大事にするだろう？　ランキングをつくり、その理由も合わせて考えよう。
>
> 選択肢　　　　　　　　　　　　　　　　　　ダイヤモンドランキング
> 　1.　安心できる生活
> 　2.　レジャー
> 　3.　観光資源・経済資源
> 　4.　自然保護・環境保護
> 　5.　伝統文化の維持
> 　6.　利便性

出所：筆者と木村裕が作成。

出かけているのですが、似たような家庭が多く、安心できる生活環境を整えることが人口の増加につながると考えたからです。2番目に、『利便性』と『自然保護・環境保護』を置きました。JRの本数を増やしたり、夏の琵琶湖の悪臭を防いだりすることが、『安心できる生活』につながると考えたからです」というように、それぞれの選択肢を関連させながら、生徒たちは自分の意見をつくっていく。

　次の時間には、生徒が事前に作成したランキングを持ち寄り、会議を行う。

> 教　師：では、今から『これからの滋賀県を考える会議』を始めます。今日は班の中で一つの
> 　　　　ランキングをつくった後、班ごとに作成されたランキングから最もふさわしいものを
> 　　　　『学級のランキング』として決定します。まずは、班の中で一つ、ランキングをつくり
> 　　　　ましょう。ランキングが決定したら、学級の仲間に説明できるようにしておきましょう。

　以上のような教師からの説明の後、生徒たちは各班でランキングを作成していく。その過程で、生徒たちからは「絶対『利便性』に力を入れるべきだよ。琵琶湖の対岸に行くのがあまりにも不便すぎるから、もっと琵琶湖に橋を架けるべきだ」「橋を架けるにしても、お金が必要だ。そうしたお金を集めるためにもまずは『観光資源・経済資源』に力を入れ

るべきだよ」などのやり取りが生まれる。

　ランキングを作成したら、学級に向けて発表していく。その後、どの班のランキングが最も納得がいくのか、生徒に挙手させる。挙手をさせた後、各班の案に対して反論や疑問をぶつけていく。最終的にもう一度多数決をとり、学級として一つのランキングをつくり上げる。そして授業の最終部では、教師から、次の問いを投げかける。

> 教　師：あなたは今日の議論で決定した学級のランキングに納得がいきますか？　それとも納得がいきませんか？　どちらかを選んで、その理由も合わせてワークシートに書きましょう。

【実践 ❸】
自分たちの町はどうあってほしいかを考える

　続いて、前時までに明らかにした自分の望む「滋賀県の将来像」をもとに、滋賀県の予算配分を分析させていく。授業では、令和2年度滋賀県当初予算案を分析する。授業は以下のように進んでいく。

> 教　師：今日は自分が滋賀県知事なら、どの分野にどれくらいのお金を使うのかを、考えてもらいます。令和2年度の滋賀県の予算案では、お金の使い方を三つのグループに分類しています。三つのグループとは、「人の健康」「社会の健康」「自然の健康」です。それぞれのグループでは、次のような分野にお金が使われます。
>
> 　　「人の健康」…医療・福祉・教育・スポーツ
> 　　「社会の健康」…産業や交通網の整備、伝統産業の継承
> 　　「自然の健康」…環境保全
>
> まず、みんなには各グループに何パーセントの予算を割くのかを考えてもらいます。前回自分がつくったランキングと照らし合わせて、自分が県知事なら、どのグループに何パーセントをかけるのかを考えてみましょう。

個人での作業の後、各班での意見発表となる。各班で、お互いの予算配分を話し合わせ

図13-1　令和2年度滋賀県当初予算案

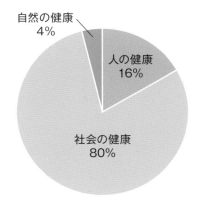

自然の健康
4%

人の健康
16%

社会の健康
80%

出所：滋賀県のウェブサイト内にある「資料2　健康しがへの挑戦～「変わる滋賀 続く幸せ」に向けて～【資料編】」をもとに筆者作成。

た後、資料「令和2年度滋賀県当初予算案」を提示する（図13-1）。事前に予算配分を考えた生徒は、滋賀県の予算案の現状を見て、様々な思いを抱く。そこで、教師は最後の問いかけを行う。

> 教　師：みんなは、現在の滋賀県のお金の使い方に納得がいきますか。それとも納得がいきませんか。どちらか選んで、そう考える理由を自分の言葉で表現しましょう。

各自に考えさせた後、生徒に考えをたずねる。

> 教　師：現在滋賀県で『社会の健康』に多額の予算が割かれているのは、建物を建てたり、道路を整備したりすることに、最もお金がかかりやすいという理由もあります。これまでの授業でみんなには、予算案を通じてこれからの滋賀県がどうあるべきかを考えてもらいました。これから社会をつくっていくのは中学生のみんなですから、自分たちの住んでいる滋賀県がどのようにあってほしいのかを考え続けていってください。

実践解説 ❶
自分たちが住む地域社会の将来像を考えるための題材選び

　SDGsでは、「誰一人取り残さない」持続可能で多様性と包摂性のある社会の実現が重要なポイントの一つとなる。そこでこの実践事例では、様々な価値観を持つ生徒が「これからの滋賀県を考える会議」のメンバーとして、お互いの考えをぶつけ合うことで、多様な視点から、多くの人が納得できる意見をつくっていくことを意識した。また、本実践は、SDGsで提案される17のゴールの中でも、ゴール11「住み続けられるまちづくりを」というゴールと特に深いかかわりを持っている。生徒が具体的に考えやすいように、本実践では自分たちが住んでいる地域の将来像を考えてもらうことにした。筆者が現在勤務す

る中学校は滋賀県大津市にあり、琵琶湖がすぐそばに見える中学校である。生徒は普段から琵琶湖を目にし、生活用水としてその水を利用している。琵琶湖の将来を考えるということは、すなわち自分たちが住んでいる地域社会の将来像を考えることなのである。そうした理由から、琵琶湖を題材にして本実践を作成することにした。

　ただ、将来像を考えると言っても、現実とあまりにかけ離れた理想としての将来像ではあまり意味をなさない。実際に社会をつくっていくうえでは、理想と現実をすり合わせていく作業が必要となる。そのため、本実践ではまず、自分の思い描く将来像を言語化し、その将来像を使って現在の滋賀県のお金の使い方を分析することにした。

実践解説 ❷
教科横断的で主体的な学びと議論を促すテーマ設定

　本実践では、将来像を言語化するために必要な調べ学習を行っている。その際には、六つのテーマを提示し、生徒が好きなテーマを選択して調べ学習を行えるようにした。六つのテーマは「水道水」「バス釣り」「観光」「生態系」「漁業」「琵琶湖大橋」である。これらのテーマを設定するうえで、心がけたことが2点ある。1点目は、教科横断的な学習を行いやすくし、生徒に主体的な学びを促すこと、2点目は、議論を行ううえで、対立構造をつくりやすくすることである。

　まず、1点目の「教科横断的な学習を行いやすくし、生徒の主体的な学びを促すこと」がどのようなかたちで実現されているかを見ていきたい。例えば「漁業」というテーマを選択すると、「琵琶湖で漁業をして生計を立てている人がどれくらいいるのか」という社会科的な視点で調べることが可能である。その一方で、「琵琶湖でとれた魚はどのように調理されるのか」という家庭科的な視点で調べることも可能である。「生態系」というテーマを選択すると、理科的な視点で調べることも可能であろう。このように、テーマの違いによっても活用される教科の知識は異なるし、同じテーマを選択しても、様々な教科

の知識を使うことが可能なのである。特定の教科の知識に偏らないテーマ設定により、生徒が自分の興味に合わせて学びを深めることができるようになっている。SDGsで掲げられる17のゴールを達成するためには、教科の枠にとらわれない、多様な発想が求められる。ESDの観点で見た時にも、本実践のように教科横断的な学習をしていくことは必要不可欠なのである。また、六つのテーマにとらわれることなく、自分なりに調べたいテーマがあればそれを調べてもよいことにしたのは、生徒の主体性を尊重することはもちろん、教師も気づいていない視点を生かすことができるようにするためである。

　次に、調べ学習のテーマを設定するうえで心がけた2点目の、「議論を行ううえで、対立構造をつくりやすくすること」がどのように実現されているかを見ていきたい。

　自分の住んでいる地域の将来像を考えるためには、自分の考えと異なる意見をぶつけて、自分の考えに磨きをかけていく過程が必要である。なぜなら、この過程を経ることで、多くの人が納得して生活できる社会を考えることができるからである。そこで本実践では「これからの滋賀県を考える会議」で持続可能な社会の構想のため、テーマ設定の段階で、対立構造が生まれやすくすることを心がけた。例えば「生態系」と「琵琶湖大橋」は対立しやすいテーマとなっている。琵琶湖固有の生態系を守っていくうえで、琵琶湖大橋をつくることは逆行した取り組みだからである。このように対立しやすいテーマを考えながら、ランキングの選択肢を作成した。さらに、生徒たちが調べ学習をする際に、教師が収集した情報をこっそり生徒に見せると、議論でより対立構造が生まれやすくなるだろう。

実践解説 ❸
「自分たちの住んでいる場所にどうあってほしいのか」という視点の獲得

　「中学校学習指導要領（平成29年告示）」において、総合的な学習の時間では、「探究的な見方・考え方を働かせ、横断的・総合的な学習を行うことを通して、よりよく課題を解

決し、自己の生き方を考えていくための資質・能力」（p.159）の育成がめざされている。本実践では、琵琶湖について様々な教科の視点から調べた内容を他者と共有し、地域社会のあるべき姿を協働的に模索し、現在の地域社会を分析していく。この学習過程は、現在の学習指導要領の目標にも沿った学習の流れとなっている。特定の教科の知識にとらわれない学習活動が、生徒の主体的な探究活動をさらに促し、多様な視点から持続可能な社会の在り方を考えることにつながることをねらったのである。

　この点はESDとのかかわりも深い。SDGsで提案されている17のゴールを達成するためには、特定の教科の知識にとらわれない多様なアプローチが必要だからである。持続可能な社会のあり方を模索するうえで、教科の垣根を越えて学習できる総合的な学習の時間は、まさにESDにうってつけの領域であるといえよう。

　今回の学習では、滋賀県の将来を考えるという、ある意味では「狭い」範囲での社会の将来像を考えることに焦点をあてた。しかし、自分たちの住んでいる場所にどうあってほしいか、という視点から現在の政治や予算配分を分析し、よりよい方法を模索していくことは、日本全体や国際社会の将来像を考えるうえでも必要な視点である。これからの持続可能な社会を模索するうえで欠かせない、「自分たちの住んでいる場所にどうあってほしいのか」という視点の獲得をめざしている点に、本実践の重要な意義があると考えている。

　本実践は、事例として滋賀県や琵琶湖を扱ったものの、自治体の現状に合わせてつくり替えることが可能である。生徒にとって少しでも切実性のある題材を選択し、学習を広げていくと有意義な学習活動となるだろう。

（益井翔平）

参考文献
・桑原敏典編著『高校生のための主権者教育実践ハンドブック』明治図書、2017年。
・増田寛也編著『地方消滅　東京一極集中が招く人口急減』中公新書、2014年。
・小田切徳美『農山村は消滅しない』岩波新書、2014年。
・滋賀県のウェブサイト内にある「資料2　令和2年度（2020年度）滋賀県当初予算案　健康しがへの挑戦　～「変わる滋賀　続く幸せ」に向けて～【資料編】」(https://www.pref.shiga.lg.jp/file/attachment/5154174.pdf：2021年11月18日確認)。

コラム⑬ 日々の授業に「探究的な学習の要素」を取り入れる

　ESDでは、「持続可能な社会」「よりよい社会」の実現という「正解」のない課題に取り組むための力量形成がめざされる。そのため、ともすれば「環境や貧困、人権、平和構築などの、SDGsや地球的諸問題に関わるテーマを取り上げて、文献調査やフィールドワークなども取り入れながら長期にわたる探究的な学習を行うことが必要」というイメージを持たれやすいかもしれない。

　もちろん、ESDを展開するにあたって、学校教育にこうした学習の機会を位置づけることは重要である。しかし、こうしたイメージにとらわれ過ぎると、扱うべき内容が多く、教科書を使うことが求められる教科学習においては特に、探究的な学習を取り入れることに困難を感じ、結果としてESDに取り組むこと自体にハードルの高さを感じてしまうことも懸念される。そこで、教科学習を含む日々の授業に、「探究的な学習の要素」を取り入れることの可能性とその具体的な方法を考えてみたい。

　ここでは、一例として「発問」を取り上げる。発問には、「～とは何か」「～にはどのようなものがあるか」「なぜ～なのか」「～のためにはどうすればよいか」など、様々なものがある。自身が授業で行っている発問をふりかえり、それらを「調べれば『正解』が見つかる発問」と「調べれば調べるほど、多様な解釈や見解が生まれる発問」に分けてみよう。そのうえで、もしも前者の発問に偏っているとすれば、後者の発問を適宜行うことを検討してみたい。

　後者の発問を様々な場面に取り入れることで、生徒たちは、一つの事象や課題に関して様々な見方や考え方ができること、「正解」のある問いばかりではないこと、思考を深めるためには情報の収集と検討が不可欠であることなどを実感していくだろう。あわせて、各教科・領域の特性もふまえながら、活用可能な資料やデータの種類や検索方法、入手方法なども説明すれば、例えば総合的な学習の時間などにおける探究的な学習の場面でそれらを活用できる可能性が広がる。時間に余裕があれば、実際にそれを試してみると、より効果的であろう。

　もちろん、発問の工夫だけで、課題解決に向けて探究する力量が充分に高まるわけではない。しかし、カリキュラム・マネジメントの視点を持ち、例えば総合的な学習の時間に行う長期にわたる探究的な学習と他の教科・領域における学習とをうまく関連づけることで、教育活動全体として充実した探究的な学習を進められるようにするといった工夫も可能ではないだろうか。

（木村　裕）

第14章 生徒の発想を大切にした 特別活動 ― 生徒会活動としての「生徒会交流会」

本章のねらい

　SDGsに迫るためには、生徒が様々な問題を「自分事」として捉え、身近なところから課題の解決に取り組むことによって、新たな価値観や行動を生み出すこと、それによって持続可能な社会の創造をめざすことが、重要な学びの特質となる。そして、本章で扱う特別活動は、教科書がなく、学習内容などが事細かに決まっているものではない活動であり、学習指導要領に則りながら教師や生徒の創意工夫を生かしやすい領域の一つである。

　ここでは、特別活動の中でも、特に全校生徒を対象として、生徒の主体性を生かしやすい生徒会活動を中心に取りあげる。そして、ある学校（「A中学校」）が県外の中学校（「B中学校」）との交流会を行い、生徒たちが自分たちの学校生活や地域をよりよくすることをめざした事例を紹介し、その概要と解説を述べていくこととしたい。

【実践 ❶】
新しい取り組みとしての「県外の中学校との交流」

　A中学校は、近年生徒数が減少し、学校の規模が小さくなってきた。そのため、生徒同士は異学年であっても互いによく知っている。しかし、人間関係が狭く固定化される傾向が強くなり、これまでのやり方とは異なることにチャレンジすることが苦手であったり、自分の意見を出すことがあまり見られなくなったりしてきた。生徒会では、毎年秋、生徒会長と副会長を全校生徒の選挙により選出し、会長や副会長を含め10名の本部役員を決めている。そして、その本部役員を中心に年間の取り組みがスタートするのである。ただし、生徒会役員選挙で候補者が行う演説でも、「あいさつ運動を活発にします」「体育大会を盛り上げます」と毎年同じ提案を述べることが多く、創造的な発想はあまり感じられなかった。そのような中、新しい動きが起きたのは、11月に実施した新本部役員（第1学年と2学年）を集めたリーダー研修会だった。

校　　長：生徒会活動には教科書はありません。これまでの活動が教科書のようなものかもしれませんが、自分たちが何をしたいか、何をした方がよいのかを自分たちで考えることも大切です。例えば、このA中学校や自分たちの住んでいる学区にはよいところがたくさんあるし、もっとよくなることもできるはずです。皆さんは今、中学生でどんどん力を伸ばせる時期ですので、もっと視野を広げてほしいのです。

生徒A：立会演説会で候補者の演説内容にはなかったことですが、今思いついたことを話します。私は昨年も本部役員でした。活動の一つに、市内の中学校の代表が集まるリーダー研修があって、去年の夏、そこに参加しました。いろいろな意見を聞くことができ、とてもよかったです。それ以来、私はもっといろんな中学校の生徒会本部の人たちと話したいと思っています。校長先生、そのような考えでもいいのでしょうか。

校　　長：立合演説会の時にはなくて、今思いついたものでも構いません。それに、今の意見はとてもいいアイディアだと思います。他のみんなはどう思いますか。

生徒B：交流と言っても、どのようなことをするのですか。

生徒A：実際に会うことも交流ですが、手紙やメールのやり取り、今なら、オンライン会議でも交流はできます。

生徒Ｂ：なるほど。オンラインなら交流する相手は、日本中どこの学校でもいいように思うけれど、どの中学校と交流しようと思うの？

生徒Ａ：………。

校　長：交流する学校はまた考えるとして、みんなはどこかの中学校と交流するということをどう思いますか？　賛成でしょうか？

　ほとんどの役員は賛成の声をあげたが、一部の生徒は下をむいていた。立会演説会でどの候補者からも出なかったアイディアであり、交流と言っても全校生徒ではなく本部役員だけの動きとなることを心配したのかもしれない。その後、校長先生と生徒会担当の教師と本部役員で相談したところ、「現時点では本部役員だけの動きであっても、それを全校生徒に広げる活動をすれば、みんなも分かってくれるだろう」という意見も出た。そして、「①自分の県ではないところ」「②会う可能性を含めてなるべく近いところ」「③自分の中学校と同じような規模」の中学校を探した。

　そして校長先生から、Ｂ中学校の校長先生に電話をしたところ、即座に快諾をいただき交流が始まったのである。その交流は、メールや手紙、さらには生徒会本部が発行している生徒会通信のやりとりから始めることにした。

【実践❷】
交流会実施に関する生徒からの提案とその実現

　新しい学年になって、生徒Ａと生徒Ｂが生徒会担当の教師と校長室にやってきた。

生徒Ａ：校長先生、Ｂ中学校との交流ですが……。

校　長：どうしましたか？

生徒Ａ：生徒会の先生やＢさんたちと相談したのですが……。今はメールや通信のやりとりでＢ中学校と交流をしています。でも直接会いたいのです。

生徒会担当の教師：オンライン会議もありますが、やはり直接会うことには大きな意味があると

　直接に会うことには大きな意味があるけれども、出かけるとなれば費用や安全面の確保、保護者の承諾、教師の理解などが必要である。校長先生は、教頭先生と予算面などを相談し、教育委員会にも報告し、職員会議でも話をして、生徒たちがＢ中学校に行ける条件を整えた。そして、夏休みに交流会をもつことをＢ中学校に提案し、両中学校から代表の生徒を10名ずつ集めた交流会をもつことが決まったのである。

　夏休み前、生徒会本部役員を集め、「8月にＢ中学校に行き、半日の交流会をもちます」と生徒会担当の教師が伝えたところ、第3学年の数人から「その日は塾があって行けません」という返事が返ってきた。11月のリーダー研修会でもあまり交流に乗り気ではない生徒たちだった。参加できない本部役員が出て、メンバーが足りなくなったが、本部役員から、3学年の中から行きたい人を募集したり声をかけたりしてメンバーを集めてはどうかと提案があった。そして、交流会直前に参加者がそろった。

　Ｂ中学校に行くと生徒会の温かい出迎えがあった。交流会では、初めに全体での両校の紹介、そしてグループに分かれて自分たちの住んでいるところの魅力について意見交流をした。生徒たちははじめ緊張していたが、徐々に打ち解け、帰る頃にはほとんどの生徒が雑談を交わしていた。参加した生徒は資料14-1のような感想をもった。

　このような感想からは、生徒たちがＢ中学校の様子や取り組みに関心をもったこと、自分たちや相手のよさを実感しながら視野を広げたことが読み取れる。新しいことにチャレンジしたいという意欲を強めた生徒もいた。

　生徒会本部役員の生徒の中には参加できない者もいたが、結果としては本部役員以外の生徒たちに活躍の場ができてよかったこと、この生徒たちの思いを全校生徒や他の教師に

資料14-1　交流会に参加した生徒の感想

・初めはすごく緊張していたけど、時間が経つにつれて、だんだんしゃべることができるように
　なった。Ｂ中学校の生徒会活動の紹介がとてもよかった。説明する人は原稿を見ず、パワーポイ
　ントの画面だけを見ながら話していたので、思っていることがよく伝わってきた。話し方もたい
　へん聞き取りやすかった。見習いたいです。
・Ｂ中学校の生徒会では私たちと違う活動をしていて、取り入れることができないかなと思いまし
　た。このような取り組みを自分たちで考えたことがなかったので、今日聞いたことはとても参考
　になります。
・Ｂ中学校とは県が違いますが、「自然が豊かなこと」「地域の人が優しいこと」「いろいろな特産
　物があること」といった共通点がたくさんあると思いました。それに、自分たちの住んでいると
　ころのよさを再発見できて自分の地域に誇りをもつこともできました。これからも後輩たちが交
　流を続け、次はＢ中学校の人たちに来てもらい、実際に私たちの学区をいっしょに歩きたいと思
　いました。

出所：筆者作成。

も広げていくことが大切だということが、校長先生と生徒会担当の教師との間での振り返
りの中で指摘された。

【実践❸】
交流会を経た生徒の成長と後輩へのメッセージ

　９月に体育大会と文化祭が行われた。新しく交流会に取り組んだ生徒たちは、大きな自
信を得ていた。彼らが中心になり、それぞれの開会式で披露することになった、生徒会本
部役員によるパフォーマンスの練習をする日が続いた。この取り組みは、それまでの開会
式にはないものだったが、生徒たちから新しいことにチャレンジしたいというリクエスト
があったのである。交流会で得たものを全校生徒に還元する、一つのかたちである。
　体育大会、文化祭が終わり、新しい生徒会役員選挙の時期になった。ＡさんとＢさんを

中心とする生徒会本部役員たちの取り組みが大きな刺激となったのか、候補者たちの演説の内容には、例年になく、新たなチャレンジを予感させる創造的な発想が多く見られた。その後、新しい生徒会本部役員が決まり、彼らを集めたリーダー研修会が行われた。その研修会において、AさんとBさんは新しい生徒会本部役員に、次のように語った。

「生徒会活動では、自分たちで考え、自分たちの生活や社会をよりよくするためにどのようなことが大切かを学ぶことができます。皆さんにもいろいろなアイディアがあるでしょう。それを先生たちに伝えてください。私たちは、交流会をしたり、体育大会や文化祭で新しいことにチャレンジしたりしました。私たちの思いを先生たちは必ず、しっかりと受け止め、真剣に考え、いっしょに動いてくださいます。〝自分たちの生徒会は自分たちが創る〟という思いを皆さんにも引き継いでいってほしいと思います」。

AさんとBさんは、原稿を見ずに、聞いている生徒たちをしっかり見ながら話していた。その表情からは大きな成長が感じられたのだった。

実践解説 ❶
「特別活動に教科書はない」からこそ大切な教師の姿勢

特別活動には教科書はなく、細かく教える内容があるわけでもない。

学習指導要領に則って、各学校が自校の課題を見いだし，よりよく解決するために話し合って取り組みを進めるなど、「なすことによって学ぶ」活動である。

この事例では、校長が学校の課題や願いを生徒に投げかけ、それに対する生徒の発想をもとに新しい取り組みとしての交流会に取り組んでいる。

生徒会活動では、あいさつ運動、体育大会（体育祭）や文化祭の企画・運営への協力といった取り組みが多くの学校では見られるものの、このような交流会は、あまり見られないかもしれない。

「このような取り組みはほとんどの学校ではできない。特別なものである。」と考える読

者もいるだろう。もちろん、新しいものがすべてよいわけではない。

　ただし、SDGsに迫るためには、課題の解決につながる新たな価値観や行動を生み出すことが大切である。「これまで取り組んでこなかったから」「他の学校ではしていないから」という理由で新しい取り組みの可能性を探らないままにしておいても、目の前の生徒たちの課題を解決することはできるのだろうか。このことを教師は真剣に問い直す必要がある。

　また、生徒の主体性を重んじる特別活動を豊かなものにするためには、教師こそが、柔軟な考え方をもち、粘り強く工夫しながら取り組みを創りあげることが求められる。

　「目の前の生徒たちの課題を解決するためには、どのような取り組みが必要か」を幅広い視野で考えて実践することが、SDGsに迫る生徒を育てることにつながるだろう。

実践解説 ❷
小さな一歩から始め、小さな一歩をつなぐ

　今回の交流会の始まりは、A中学校のリーダー研修会での小さな提案だった。その提案を、B中学校の校長先生や先生方、生徒たちにも受けとめていただき、新しいチャレンジとして交流会を行うことができた。

　そして交流会では、生徒同士が話し合いを持つなどしてつながりをもった。小さな提案から始まり、特別活動やSDGsで大切にされる人とのつながりを大切にし、一つひとつの課題を解決しようと粘り強く知恵を出し合い工夫を重ねることが、新しい交流会の成功という大きな成果につながっている。小さな一歩から始め、小さな一歩をつなぐことが、大きな成果となることを生徒たちは学んでいるのである。

　また、このことにより、生徒は充実感や自己肯定感、自己有用感を高め、新たな取り組みにチャレンジすること、他者を尊重し協力することといった、SDGsに迫るうえで大切にすべきことを学んだ。

この交流会では、「自分たちの住んでいるところの魅力」についての意見交流を行っている。これは、SDGsのゴール11「住み続けられるまちづくりを」を意識し、中学生なりに自分の住んでいるところに目をむけるようにすることをねらったものである。

　生徒たちが交流して発見した視点は、今後彼らがまちづくりを考える際に生きるだろう。この実践では、住民としてどのような視点が必要なのかを経験的に学ぶことになるのである。そしてまた、交流会により、行動し続けることの大切さとともに、自分自身や自分たちの身近なところを振り返るきっかけをつくることをねらったのである。

実践解説 ❸
よりよい学校文化をつくるために

　「中学校学習指導要領（平成29年告示）解説　特別活動編」には、「『文化』という言葉は、［中略］一般的には『豊かな人間性を涵養し、創造力と感性を育む等、共に生きる社会の基盤を形成するもの』」（p.29）とある。そして、「特別活動の全ての活動は、学級・学校文化の創造に直接関わる活動」（同上）であり、その学校文化の影響を受けながら、生徒たちは学校生活を送り成長する。

　ある学校で、体育大会の全校目標を教師と生徒会本部役員が考えている時、生徒から「去年のように生徒会本部から提案してもいいけれど、今年はまず、それぞれの学級で『どのような体育大会にしたいか』を話し合ってほしい」という意見が出て、それを教師が即座に取り入れたことがある。学級での活動は、学校行事や生徒会活動はもとより生徒の学校生活に関わる重要な活動である。生徒もそれは分かっており、この教師もそれをふまえて、本文の交流会の事例にもあるように、よりよいものを考えようとする生徒たちの思いを大切にしたのである。

　このようなことは些細なことであると読者の方は思うかもしれない。しかし、このような些細なことが生徒の自己有用感や自己肯定感を高め、生徒が主体的に行動する学校文化

をつくるのである。SDGsの達成に向けた取り組みを進めるためには、よりよい社会づくりに向けて主体的に考え、行動する人を育てなければならない。

　生徒が「未来を創る主人公は自分たち」ということを深く自覚するためには、教師が生徒と一緒に考え、生徒の思いを大切にすることが必要であり、これらのことがよりよい学校文化をつくることにもつながるのである。

（田中慶希）

参考文献

・文部科学省国立教育政策研究所教育課程研究センター『学級・学校文化を創る特別活動【中学校編】』東京書籍、2016年。
・文部科学省 国立教育政策研究所教育課程研究センター編『みんなで、よりよい学級・学校生活をつくる特別活動(小学校編)』文溪堂、2019年。

コラム⑭ 互いに助け合い、成長する生徒と教師

　本書の第1章で示した「目標に準拠した評価」の実質化においては、授業や教育課程の絶えざる改善に取り組むことが求められる。また、第2章において、ESDを進めるにあたって教師には、自身が「教える」という役割のみならず、ファシリテーターやコーディネーターとしての役割も求められることを述べた。教師は、そのための力量をどのように高めていくことができるのだろうか。

　授業や教育課程の絶えざる改善については、設定した教育目標の達成に向けて意図的に実践を構想するとともに、実践後に実践の成果や課題を検討（省察）し、それをふまえてその後の実践の改善に生かすことが重要となる。これは、個々の教師が単独で行う場合もあれば、同僚や他校の教師、生徒や保護者、研究者などと協働で行う場合もある。また、検討会が設定される場合もあれば、仲間内での普段の会話などが役立つ場合もある。多忙な日々の中で、何かに困るときやうまく行かないことがあるとき、立ち止まって考えたいときなどもあるだろう。そうしたときに、多様な他者と意見交換をすることで、新たな気づきを得たり、何となく感じていたことが言語化されて明確に意識化されたりすることが、実践の構想、省察、改善に役立つのではないだろうか。

　さらに、教室には、授業や部活動、学外での多様な活動や趣味などを通して得た力量や経験を有する生徒や、授業に一石を投じたり他者の心を揺さぶったりする意見を述べる生徒などもいるだろう。また、学校内には、過去の授業や個人的な取り組みなどを通して、学外の多様な人々とのネットワークを持つ教職員もいるはずである。そうした生徒や教職員一人ひとりの重要な「財産」を実践づくりに生かすことは、豊かなESDを展開するうえで大きな可能性を持つ。そしてそれはまた、生徒と教師がそれぞれの力量を高め、成長していくことにもつながるに違いない。

　ESDでは、みんなでよりよい社会のあり方の模索とその実現に取り組むことがめざされる。そして、ESDが展開される一つひとつの学級や学校も、多様な人々で構成される社会である。様々な生徒や教職員が各自のよさを生かしながら様々な学習の場面で「主役」になることは、一人ひとりが学級や学校という社会の一員であることの認識や、多様な人々の協働によって社会がよくなっていくことの実感にもつながるだろう。お互いのよさを発揮し合い、協働しながら実践を行うことで、お互いの力量を高め、よりよい学級や学校をつくり、よりよい授業を展開することは、ESDそのものでもあると言えよう。

（木村　裕）

第15章 民主的な学校をつくり、地域にも広げる

本章のねらい

　ESDの実践をより効果的なものとするためには、SDGsと関連するテーマを取り上げてそれに関する学習を行うということのみならず、学校内の人間関係や学校運営のあり方などを民主的なものとすることが求められる。これにより、生徒と教師はもちろんのこと、学校に関わる保護者や地域住民なども含めて、ともに尊重し合い、協働しながら、学校や家庭、地域をよりよいもの、持続可能なものにしていくことにつなげていくのである。本章では、そうした取り組みのあり方について、海外での事例を元に考えてみたい。

実践 ❶ 生徒同士でのトラブル解決

　生徒Aの噂話がSNS上で流れた。生徒Aはとても傷つき、怒りを感じている。この学校では、このように生徒たちの間にトラブルが起きた時、解決のためにまず動くのは教師ではない。メディエーターと呼ばれる生徒である。

メディエーター：私たちは今から聞くことは誰にも言わないし、特定の誰かの味方になってどちらかの肩をもつようなことはしません。問題を解決するのはあなたたちであり、私たちはそのお手伝いをするだけです。きちんと相手の話に耳を傾けてください。相手の話をさえぎったり、けなしたりしてはいけません。問題を解決したいと思いますか？

生徒A・生徒B：はい。

メディエーター：何が問題でしたか？

生徒A　　　：BさんがSNSに私の悪口を流したんです。私が悪い人たちとつるんでいると。

メディエーター：どんな気持ちでしたか？

生徒A　　　：とても悲しかったです。私はそんなことするようなタイプじゃないのに。両親もすごく怒っています。

メディエーター：Bさんはそれを聞いてどう思いますか？

生徒B　　　：あんなの冗談のつもりだったんです。誰も信じるはずないと思っていたんです。

メディエーター：Aさんの気持ちを聞いて、どうしたらこの問題が解決できると思いますか？

生徒B　　　：……悪かったです。もうしません。ちゃんとAさんの両親にも説明して謝ります。ごめんなさい。

　もちろん、いつもこのようにスムーズに解決できるわけではない。時に相手が感情的になっていて、話をできる状態ではないこともある。そうした場合には、一度時間をおいて落ち着いてから話をすることをメディエーターが提案することもある。トラブルの当事者である生徒の様子に応じつつ、メディエーターたちは、お互いを尊重しながら生徒同士が話し合いを通じてトラブルを解決するのを助けている。彼らがこうしたことができるのは、立候補して、一定の専門的な研修を受け、メディエーターとしての資格を持っているためである。

ただし、トラブルを解決する方法を学んでいるのはメディエーターの生徒だけではない。この学校に通う生徒たちは全員、授業等を通じて、自分たちでトラブルを解決する方法を学んでいる。トラブルを解決する方法を学ぶということには、クラスや学校といったコミュニティにおいて自分の責任を自覚することや、自分の考えや思いを言葉にすること、他者を尊重し建設的な批判をお互いに行うことなども含まれる。

　そのため、これらを学ぶことで、トラブル自体が起こりにくくなる。それでもトラブルが生じた際には、まずは当事者同士での解決がめざされる。ただし、トラブルによっては、当事者だけで解決することは難しい場合もある。そうした場合に、生徒たちは、メディエーターの生徒の助けを借りて解決しようとする。教師が生徒のトラブルに関与するのは、メディエーターが関与しても解決しないような深刻なトラブルのみである。

　この学校では、トラブルが起こるのを抑え込もうとするのではなく、様々な他者が共に生活していく以上、何らかのトラブルが起きることは自然なことであるという認識に立ったうえで、いかに生徒たちが自ら解決していくことができるかが大切にされている。そして、身の回りのことを建設的に解決するための力を育てることを通じて、将来的には、民主的な社会を担っていけるような生徒を育てることがめざされている。

実践❷ 民主的な学校文化の形成

　ある日、新任のA先生の授業を、B先生が見に来てくれた。授業では、生徒が自分の考えや思いを言葉で表現して書いてきた「日記」を生徒同士で共有する場面があった。授業後、A先生とB先生は少し話をする時間をもった。

> A先生：今日は、授業を見に来てくださって、ありがとうございました。ちょっと自分が話しすぎてしまった気がします。いかがでした？
>
> B先生：そうですね。でも、今日の授業では、生徒たちが協働的に取り組めるよう話し合いを取

り入れていましたね。あれが第1歩だと思います。これから、もっと多くの機会を活用していきましょう。

A先生：ありがとうございます。

B先生：それから、日記を読み上げる時に、生徒たちに、A先生は自分の思いを伝えていましたね？

A先生：はい。

B先生：あれも、とてもよかったと思います。先生が自分の生活や思いについてあえて話すことで、生徒たちも安心すると思います。

A先生：なるほど、まずは自分を開くということですね。

B先生：はい、生徒たちにそうなって欲しいと思うなら、まず自分がやってみるのです。

　この学校では、生徒たちに育みたい姿があるのなら、教師たちにも同様の姿が求められる。生徒たちに民主社会を生きる力を育もうとする以上、教師たちも、日々の授業において、「生徒たちに敬意を示した態度を取っているだろうか」「授業中に誠意を持って生徒に褒め言葉を伝えているだろうか」「本当に生徒たちの声に耳を傾け、途中でさえぎることなく生徒が最後まで話すようにしているだろうか」といったことを意識して授業を進めることが求められるようになる。生徒たちに、話し合いによる解決は大切だと言いながら、教師が権威的に生徒を抑え込んでしまっては、生徒たちは大人の本音と建前を見抜き、うわべだけの民主性を身につけてしまうかもしれない。そのため、教師たちも自身の振る舞いについてのルールを学校で共通につくり、それに基づいて生徒や保護者のモデルとなるような振る舞いを行うよう心がけることが求められる。この学校では、そうした積み重ねが学校の文化をつくっていくと考えられているのである。

　ただし、学校の文化をつくっていくためには、学校で重視されていることを、教師同士だけでなく生徒や保護者、地域住民にも伝え、お互いに取り組むことも重要である。こうした考えから、この学校では、校舎内の様々な場所に様々な写真やイラスト入りの掲示を行っている（**写真15-1**）。例えば、先ほど紹介したメディエーターと呼ばれる生徒たちの顔写真は、「今年度のメディエーター」という言葉とともに学校に飾られている。そのた

写真15-1　平和をイメージした掲示

出所：筆者撮影。

写真15-2　テーマをイラスト化した掲示

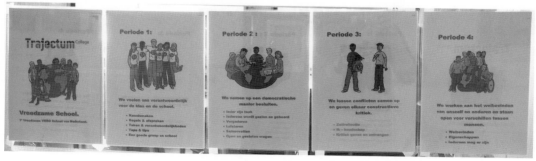

出所：筆者撮影。

め、生徒たちは困った時には誰に助けを求めればよいのかを知っている。このように、学校で重視されていることが、生徒、保護者、地域住民にも共通理解できるよう意識された掲示が行われているのである。

　さらに、この学校では年間を四つの期間に分けてそれぞれにテーマが設定されており、そのテーマについても、わかりやすいイラスト入りで学校の壁に掲示されている（**写真15-2**）。四つのテーマとは、「自分のクラスや学校に責任を感じる」「民主的な方法で意思決定を行う」「ともにトラブル解決を行い、お互いに建設的な批判を行う」「自身や他者の幸福のために取り組み、人と人との違いにオープンである」である。それぞれの期間に生徒はそのテーマに関する授業を受けるなどして、学びを深めていく。

実践 ❸
民主的な地域・家庭をつくる拠点としての学校

写真15-3　学校内にあるレストラン

出所：筆者撮影。

この学校では、生徒たちの進路に応じて専門的なことを学ぶことができる。例えば、将来レストランで働きたい生徒のために、学校には本物さながらのレストランがある（**写真15-3**）。学校にお客さんが来た時など、生徒たちがコーヒーを入れ、お菓子を準備し、提供することもある。また、週に1回、実際にレストランとしてオープンもしている。

地域住民Ａ：ねぇ、今度Ａ中学校にあるレストランに行ってみませんか？

地域住民Ｂ：えっ、学校にレストランがあるのですか？

地域住民Ａ：そうなんです。将来、レストランで働きたい子たちが料理を作ったり、それを出したりしてくれるらしいんです。週に1回、木曜日の夜だけやっています。夜といっても、子どもたちがあまり遅くまで働くわけにはいかないから開始は5時半からです。ちょっと早い時間の開始だけれど、なんとディナーが1500円なんです。

地域住民Ｂ：それは良心的な値段ですね。応援がてら、行ってみましょうか。

地域住民Ａ：そうしましょう。メニューは選べないけど、ベジタリアンには対応メニューもあるみたいです。

地域住民Ｂ：それは安心ですね。結構人は入っているんでしょうか？

地域住民Ａ：普段は、学校の先生や、私たちのような地域住民、きっと保護者も行っているでしょう。あと、近くの企業の人も来るみたいです。

地域住民Ｂ：それはいいですね。楽しみです。

レストランの取り組みは、生徒の職業教育の一環として実施されているものであるが、こうした場があることで、保護者や地域住民が学校に対して関心を持ちやすくなる。また、気軽に足を運びやすくなり、生徒や教師と関わる機会ともなっている。

　この学校に通う生徒たちの多くは、小学生の頃から、自分たちでのトラブル解決を大切にする学校へ通っている。小学校と中学校が連携し、一貫した教育活動を行えるようにしているのである。そのため、中学校から突然取り組むことになるわけではなく、幼い頃から少しずつ経験が積み重ねられたうえで、中学校に入ってきている。保護者も子どもが小学生の頃から、同様の学校方針を聞いており、学校に関わっているため、方針や具体的な取り組みについては、理解がある場合が多い。地域住民に対しても小学校と中学校から同じ方針での発信がなされるため、理解が得られやすくなっている。先ほどのレストランのように、学校を親しみやすい場所としたり、近隣の小学校と連携したりして保護者、地域住民の理解を得ながら、少しずつ、民主的な学校づくり、地域づくりが行われているのである。

実践解説 ❶ 学校の雰囲気や文化の変革と形成

　この実践は、オランダにおける「ピースフルスクールプログラム」を取り入れた初等・中等学校の取り組みを参考に、一部アレンジして記述したものである。ピースフルスクールプログラムとは、将来民主社会を生きるために必要と考えられる市民性を育成するためのプログラムである。ニューヨークで開発されたプログラムを参考に、エデュニク社がユトレヒト大学のデ・ヴィンター（De Winter, M.）教授のもと開発したものである。元々初等学校向けに開発されたが、現在では中等学校で取り入れているところもある。オランダのピースフルスクールプログラムは、近年日本にも紹介されている。

　ただし、オランダの人々がニューヨークのプログラムをそのまま取り入れなかったよう

に、日本にオランダの取り組みをそのまま取り入れることは難しいかもしれない。日本ではメディエーターと呼ばれる生徒を軸としてトラブルを解決しようとしても、逆にトラブルが増える恐れすら想定される。例えば、メディエーターになることを生徒が希望しないということや、場合によってはメディエーターになった生徒がいじめられるといった事態も懸念される。それでも、ピースフルスクールが掲げる「民主性を育む」といった理念や、それに基づく学校づくりといった側面は、日本の学校も学ぶことができると考えられる。

　こうした学校づくりを通じて、オランダのピースフルスクールでめざされていたのは、表面的なプログラムの導入ではなく、学校の雰囲気や文化の変革と形成である。ESDでは、「よりよい社会づくり」がめざされるが、この学校の取り組みは、まさに学校という小さな社会を民主社会へと変えていこうとする営みであると言える。

実践解説 ❷
組織的・長期的な取り組みによる学校づくり

　ESDでは、「よりよい社会」に向けて多様な他者が協働で問題解決に取り組むことが求められる。学校という小さな社会をよりよいものに変えていこうとする場合もやはり、学校に関わる多様な他者が協働して、組織的・長期的に取り組んでいくことが求められる。

　ピースフルスクールでは、そうした学校づくりを進める際の主なポイントとして、①教師のあり方、②学校での掲示や環境設定、③学校活動への生徒参加、④学校運営、⑤保護者との関係の五つが挙げられている（奥村好美「オランダにおける市民性教育を通じた学校改善—ピースフルスクールプログラムに焦点をあてて」『教育目標・評価学会紀要』第26号、2016年、pp.21-30）。

　①教師のあり方としては、先述したように教師自身が民主社会を生きる人としてふるまえているかが問われる。②学校での掲示や環境設定としては、学校の目標や方針、それら

に基づく取り組みを保護者や生徒にもわかりやすく伝えていくことや、生徒がトラブルの解決を行う際などに、落ち着いて話し合える場所をつくっておくことなどが挙げられる。③学校活動への生徒参加としては、メディエーターと呼ばれる生徒だけでなく、他の生徒たちもクラスに役割を持っていたり、クラスや学校のことについての話し合いの場をもち、いわゆる生徒会を通じて学校に働きかけたりするといったことが含まれる。④学校運営としては、目標や方針を明確にし、それらに基づいて研修会や授業での取り組み等を行うとともに、生徒への質問紙などを通じて定期的に評価を行い、その結果をその後の取り組みに生かしていくことが求められている。⑤保護者との関係については、次の実践解説③で詳述する。

実践解説 ❸
保護者・地域住民とともにつくる学校や地域

　ピースフルスクールでは、目標や方針、それらに基づく取り組みを可視化し、教師、生徒、保護者、地域住民といった関係者に共有することが重視される。それにより、学校に関わる人々の間でよりよい学校づくりのための方向性を共通理解できるようになる。そのため、この学校では、学校での掲示を工夫したり、学校ガイドや学校だより、保護者会などで情報を発信したりと様々なかたちで情報が伝えられる。保護者や生徒に関わる地域住民（図書館や警察署の人など）が、トラブル解決に関する研修会を受講することもある。これにより生徒と接する大人の振る舞いが変わり、生徒間でトラブルがあった時に、地域の大人が間に入って解決のための話し合いをすることも可能となる。保護者や地域住民の中には、様々な価値観や考えの人がいるが、お互いを尊重して対話を重ねることを大人も意識することで、少しずつでも民主的な地域づくりにつながることがめざされているのである。

　もちろん、一気にそこまでの取り組みを行うことには難しさもあるだろう。まずは、レ

ストランの例のように保護者や地域住民にとって学校を親しみやすい場としたり、小学校と連携したりすることから始めることもできる。そうしたかかわりにより、子どもたちのよりよい成長のために助け合う存在へと関係自体を編み直していく可能性が拓かれる。一筋縄ではいかないことも多いが、それすらも民主社会へ向けた取り組みの一つと位置づけられる。学校づくりは、学校自体、時に地域自体をつくりかえていく営みにもなることをピースフルスクールは提起している。これは、多様な関係者がともに学校に関わり、学校をよりよくしていくことをめざす点、ひいてはよりよい地域づくりにつながりうる点で、ESDでめざされる「よりよい社会づくり」のあり方を考える際に示唆を与えてくれると言えるだろう。

（奥村好美）

参考文献
・オランダのピースフルスクール (vreedzameschool) の初等学校（2015年3月・2016年3月）およびパイロット校である中等学校（2016年3月）で行った調査結果を参考にした。
・奥村好美「オランダにおける市民性教育を通じた学校改善 — ピースフルスクールプログラムに焦点をあてて」『教育目標・評価学会紀要』第26号、2016年、pp.21-30。
・リヒテルズ直子『オランダの共生教育 — 学校が＜公共心＞を育てる』平凡社、2010年。

コラム⑮ ESDを視点に 学校教育を見つめ直す

　総合的な学習の時間などを通じて、これまでにもESDといえる教育に取り組んできた教師たちは、実は多いだろう。ただ、現代社会の問題を取り上げるだけでESDであると言ってよいかについては留意が必要である。ここでは、ESDに基づき、これまでの学校教育を見つめ直す視座を提案してみたい。

　まず、教師の役割である。ESDでは、「正解」のない問いに取り組むことが求められる。このことは、教師にも「正解」が分からない問いを教育活動の中で扱うことを意味している。そうなれば、教師は「正解＝答え」を教える存在ではいられなくなる。このことを恐れる教師もいるかもしれない。教師は一人の人として子どもたちと出会い、共に「よりよい社会」を模索する存在となるだろう。ただし、第2章で示されていたように、これは教師が「教える」ことを否定するものではないことは改めて断っておきたい。

　次に、子どもの学びのあり方である。ESDでは、子どもが様々な問題を自らの問題として捉え、多様な他者と協働で取り組むことがめざされる。子どもたちが、自分の考えを表現することなく、黙って周りの意見に同調するだけでは、問題を自分事として捉えることも多様な意見に触れながら「よりよい社会」をめざすことも難しくなるだろう。子どもたちが自分らしく学び、自分の考えを表現し、それをお互いに認め合えるような学びの実現が求められるだろう。そのためにはまず教師が、一人ひとりの子どもの自己表現を促し、尊重することで、学びのあり方を見直していくことが重要であると考えられる。

　最後に、学ぶ対象についてである。学校では、子どもたちは教科書や参考書などの二次資料（オリジナルな情報を加工・編集してできた資料）を通して学ぶことが多い。しかしながら、「正解」のない問いに取り組もうとすると、教科書などで示されている情報だけを鵜呑みにするのではなく、実物を見て確かめたり、多様な他者と実際に会って話し合ったりすることが重要になってくる。二次資料から学べることももちろん多いが、現実との本当の出会い（オリジナルな情報である一次資料との出会い）の場を意図的に生み出すことが、取り組むべき問題の捉え直し、認識の深まり、多様な他者と協働することの必然性などを学習の場に持ち込むことにつながるように思われる。

　学校という身近な場で日常的に行っている教育活動をほんの少し見つめ直すことが、実はESDに向けた第一歩になるといえるだろう。

（奥村好美）

おわりに

　2011年1月のある日、私（当時、滋賀県立大学）は1通のメールを受け取りました。滋賀県内の中学校の社会科の先生からのものでした。大学教員として歩み始めて2年足らずという「駆け出し」の私にとって、自身の研究についてもう少し詳しく話を聞かせてもらいたいという旨のご連絡は、大変嬉しいものでした。その後、何度かのメールでのやり取りを経て、私はその先生とお目にかかる機会を得ました。学校現場での確かなご実践の蓄積、ご自身や他の先生方の力量向上のために重ねておられる数々のご努力、私の話に丁寧に耳を傾けてくださるお人柄などに触れながら、とてもワクワクとする時間を過ごさせていただいたことが今でも思い出されます。これが、本書の執筆者の1人である田中慶希先生（当時、東近江市教育研究所）と私との出会いでした。

　その後、様々な意見交換などを重ねながら、2012年5月、私が代表を、田中先生が副代表を務め、滋賀県内の中学校の社会科の先生方と大学関係者を主たるメンバーとするかたちで、小さな研究会を発足させました。この研究会では、グローバル教育やESDに関する研究をベースとしながら、よりよい社会づくりの担い手の育成をめざした授業づくりやカリキュラム開発などに関する意見交換、学習指導案の検討、実践報告と議論などを重ねてきました。メンバーの入れ替わりや研究会を開催できない時期なども経験しながら、また、研究会の発足当初に主眼を置いていた社会科の授業づくりから、より幅広い教科・領域での実践、さらには学級づくりや学校づくりにまで視野を広げながら、現在に至っています。

　私たち執筆者一人ひとりの力は、決して大きなものではありません。しかしながら、多くの方々にお力添えをいただきながら、志を同じくする仲間とともに議論を重ね、研究会発足から10年となる節目の年に、私たちの考えを世に問う1冊の本をまとめることができました。それぞれの執筆者が、過去に行った自身の実践、書籍や授業見学などを通じて学んだ他者の実践や研究蓄積の知見、スタディーツアーへの参加やフィールドワークなどを通して学んだこと、それぞれの興味関心に基づいて進めてきた研究などをふまえながら草稿を執筆し、それをお互いに読み合って検討し合うという過程は、ESDはもとより教育活動そのものに対する自他の信念やアイディアなどに対する認識を深めるとともに、各自の確かな成長を促す機会となってきたことを実感しています。

　研究会のメンバーで本書の作成にあたったという経緯もあり、本書の中には、執筆者が専門外の教科・領域について担当した章もあります。これは、決して各教科・領域の専門性を軽視したわけではありません。これまでの議論を通じて研究会のメンバーが見出し、

共有してきた実践づくりの要点やアイディアなどに基づいて、言い換えるならば、研究会としての軸と蓄積を十分に共有したうえで、様々な教科・領域の中で活用可能な実践のあり方を提案したいという想いに基づく判断でした。それとともに、各教科・領域の学習としての範囲を逸脱しないかたちで、また、各教科・領域の学習としての質を担保できるかたちで提案を行えるようにするために、各執筆者は、様々なかたちで、研究会のメンバー以外の方々にもご助言をいただきながら執筆を進めました。すべての方のご氏名を記すことはできませんが、執筆者を代表して、本書の刊行にお力添えをくださったすべての皆様に、心より御礼を申し上げる次第です。

　もちろん、この本は決して完全なものではなく、また、大きな影響力を持つものではないことと思います。そうしたことを自覚しつつも、本書が、「SDGs時代」とも呼びうる現代社会における学校教育の場で、よりよい社会づくりの担い手を育成するための「契機」や「たたき台」の一つとなることを願ってやみません。そしてまた、本書の作成を次なる活動への第一歩として、執筆者一人ひとりとしても、研究会としても、さらに研究を進めていきたいと考えています。その過程において、読者の方々と様々なかたちで議論を交わしながら、お互いが培ってきた理論や実践の質をさらに高め、研究を進めていくことができれば、大変嬉しく思います。編者の力量不足により、不十分な点や改善すべき点などもあることと思いますが、そうした点も含めまして、読者の皆様からの率直なご批正を賜れますと幸いです。

　最後になりましたが、本書の刊行にあたりまして、学事出版株式会社の二井豪氏には、本書の企画のご相談から刊行に至るまで、数え切れないほどの温かいご支援や的確なアドバイスをいただきました。心より御礼申し上げます。

2022年12月

執筆者を代表して　　木村　裕

※本書の一部は、日本学術振興会の科学研究費（課題番号：20K02489）の
　助成を受けて行った研究の成果に基づくものである。

執筆者一覧

■木村　裕（編著者）

はじめに、プロローグ、第1章、第2章、
第3章、第9章、第10章、
コラム①、コラム②、コラム③、コラム⑤、
コラム⑨、コラム⑬、コラム⑭、おわりに

■井上　陽平
［甲賀市立水口中学校教諭］

第6章、第8章、第11章、第12章、
コラム⑩、コラム⑪、コラム⑫

■奥村　信夫
［滋賀大学教育学部附属中学校非常勤講師］

第4章

■奥村　好美
［京都大学大学院教育学研究科准教授］

第15章、コラム⑮

■木下　光弘
［中央大学、中央学院大学他兼任講師］

コラム④、コラム⑦、コラム⑧

■田中　慶希
［東近江市立五個荘中学校長］

第7章、第14章、コラム⑥

■福田　勝顕
［豊橋市立高豊中学校教諭］

第5章

■益井　翔平
［大津市立打出中学校教諭］

第13章

※所属等は2022年12月時点。

編著者略歴

木村 裕 （きむら・ゆたか）

花園大学文学部教授

京都大学大学院教育学研究科教育科学専攻博士後期
課程研究指導認定退学。博士（教育学）。
主な著書に『オーストラリアのグローバル教育の理
論と実践 ―開発教育研究の継承と新たな展開』東
信堂、2014年（単著）、『子どもの幸せを実現する学
力と学校―オーストラリア・ニュージーランド・カ
ナダ・韓国・中国の「新たな学力」への対応から考
える』学事出版、2019年（共編著）、『ミネルヴァ教
職専門シリーズ⑥ 教育課程論・教育評価論』ミネ
ルヴァ書房、2022年（共編著）。

中学校
全教科・教科外で取り組むSDGs
―― ESDの実践づくりの要点とアイディア

2022年12月25日 初版第1刷発行

編著者 ── 木村 裕
発行人 ── 安部 英行
発行所 ── 学事出版株式会社
〒101-0051 東京都千代田区神田神保町1-2-5
☎03-3518-9655
HPアドレス https://www.gakuji.co.jp

● 編 集 担 当 ── 二井 豪
● デ ザ イ ン ── 細川 理恵
● 表紙イラスト ── 大槻 拓矢
● 編 集 協 力 ── にこん社
● 印 刷・製 本 ── 電算印刷株式会社